天下文化
BELIEVE IN READING

微復原力

結合科學與正向心理的幸福生活習慣

MICRO-
RESILIENCE

Minor Shifts for
Major Boosts in Focus, Drive, and Energy

邦妮‧聖約翰 Bonnie St. John ｜ 亞倫‧海恩斯 Allen P. Haines ——著

許恬寧——譯

本書獻給

保羅・海恩斯（Paul K. Haines, 1924 ～ 2015）
以及他結縭 67 年的妻子
瑪德琳・海恩斯（Madlyn A. Haines）。

他們的一生充滿令人敬佩、望塵莫及的復原力。

目 錄 CONTENTS

馬上就能用到的
「復原力」

小時候的邦妮與現在的邦妮

這本書與我的人生經歷息息相關。五歲時，我進了醫院，出來後少了一條腿，多了一條義肢。但是，當時我的注意力都放在那雙有著藍色麂皮、紅色縫線的漂亮新鞋，因為，我從小只穿過用鋼線箍成的難看白色矯正鞋。我想都沒想過，有一天將帶著義肢，成為第一位拿下冬季奧運獎牌的非裔美國人。而且，我還是加州聖地牙哥人，從沒看過雪！

　　身為奧運選手需要的體能復原力，遠超過再度學習走路需要的耐力。那個年代上健身房的人很少，更別說是身體有障礙的女性。不過，我完全不管一般人認為只有一條腿的低收入黑人女孩該往哪裡發展？又該做什麼？訓練自己成為滑雪選手，最終拿到伯克山學院（Burke Mountain Academy）全額獎學金。伯克山是佛蒙特州的滑雪運動精英中學，我在校內與最優秀的運動員一起揮灑汗水，鍛鍊體能，參加人生第一場比賽。

　　不過，當我回想一路走來的心路歷程，發現要成為國際滑雪冠軍，除了需要高強度的體能訓練，其實更需要心理復原力。一路上，我做過很多事，去過很多地方，都是「像我這樣的人」從來沒想過的。我在伯克山學院的第一學期就摔斷兩條腿（先是摔斷真腿，六週後又摔斷義肢），經歷無數挫折，依舊擁抱願景，堅持樂

觀，拒絕放棄。

　　除了身心兩方面承受的挑戰，我還需要大量精神的復原力。我看到照片裡那個從醫院返家的小女孩，腳上是如同小木偶的木腿。除此之外，我還看到其他人看不到的事：那個小女孩將回到多年持續被繼父性侵的家；家中一貧如洗；衣服大多來自二手商店或跳蚤市場；母親多次試圖自殺。童年留下的精神創傷，日後持續影響著我與專家、當權者或家族之間的關係，也自然影響到我和丈夫的婚姻發展。數十年來，我在各種療法的幫助下慢慢復原，直到近日才開始修補對於「家」的破碎概念，感受到別人眼中理所當然的親情。

　　我的前幾本書詳談私密的個人故事，講身體的障礙，講遠大夢想，講正面心態。《祈禱讓妳更堅強》（*How Strong Women Pray*）寫下我的情緒治療故事，以及27位女性在人生最艱困的時刻所展現出的性靈力量。《活出你的喜樂》（*Live Your Joy*）談論我千辛萬苦才學到的九項心得，包括自信、抱負、真誠與人際關係等。此外，我與當時年紀還小的女兒達西（Darcy）合寫《優秀女性這樣領導》（*How Great Women Lead*），帶領讀者一起了解卓越領導者的生平，包括希拉蕊・柯林頓（Hillary Clinton）、雪柔・桑德伯格（Sheryl Sandberg），

以及賴比瑞亞總統艾倫・強森・希爾利夫（President Ellen Johnson Sirleaf）等。

在這三本書之後，這本書就像是我注定要替不尋常的人生說出的總結一樣。要不是一直從不尋常的挑戰中愈挫愈勇，我的個人與工作生活早已被壓垮。我感到有義務將這些智慧傳承下去。

這本書源自我大大小小的人生經驗，與我一起寫這本書的先生亞倫（Allen）也曾走過自己的復原之旅。儘管挫折失望是家常便飯，他依舊在競爭激烈的好萊塢闖出一片天。此外，亞倫也和許多人一樣，曾經遭遇過痛苦的離婚經驗，他努力走出婚變，重建生活。

我和亞倫在「藍環機構」（Blue Circle Institute）傑出團隊的協助下，過去七年間精選復原力研究，不斷去蕪存菁，提供數千位學員課程訓練。過程中，我們持續評估相關概念技巧的效用，精益求精，最後提綱挈領，將有研究根據的小小調整技巧整理成五大架構。還進行數百小時的訪談，找出如何在真實世界中，以最簡單有效的方法應用我們的工具。財星百大企業（Fortune 100）管理階層、非營利組織領導人、健康照護專家、企業家、教育人士，以及平日在家的父母，全都感受到得到幫助。接下來的文章要從他們的故事談起，一一解

說我們提出的「微復原力」（Micro-Resilience）。

　　亞倫和我透過第一手經驗，了解到做出小小的微復原力改變，就能在走過人生高低起伏時更加堅強。不是每個人都必須歷經千辛萬苦，才能找到人生正軌，然而，人生並未提供操作手冊指引我們該怎麼生活。接下來是我們打從心底誠心贈送的禮物：一本簡單實用、協助大家在生活中獲得復原力的指南。各位如果有興趣了解我們的微復原力課程，甚至是傳授經驗給其他人，請造訪官網：www.microresilience.com。我們期盼本書能成為一把鑰匙，開啟每個人出生便擁有的神奇力量。

邦妮・聖約翰

2016 年 5 月紐約州溫德罕（Windham）

微復原力

利用小小調整，隨時補充活力

運氣非偶然，而是努力換來的。幸運之神珍貴的微笑也是掙來的。
—— 美國詩人
艾蜜莉・狄金生（Emily Dickinson）

各位要是在晚宴上遇見伊蓮（Elaine），八成會覺得她過著令人豔羨的生活。她總是大談老公凱文（Kevin）有多支持自己，四歲的孩子珍（Jane）和兩歲的亨利（Henry）又發生什麼趣事。此外，伊蓮在大型企業法律事務所工作，眼看就要升任合夥人，事業無比成功。旁邊看得眼紅的男同事甚至認為，她有辦法爬那麼高，不是**真的**專業能力強到哪裡去，只不過是公司的合夥人希望塑造性別平等的形象。女同事也一樣，認為她**根本**沒有說實話，世界上不可能有人那麼幸福，伊蓮一定私底下過得不快樂，或是性格上有什麼見不得人的缺陷。不過不管如何，從各種外在條件來看，伊蓮的確是超級成功的女性，符合人們常說的：只要「挺身而進」，什麼都辦得到。

　　然而，要是再仔細觀察，就會發現一件事：伊蓮是永遠處於水深火熱之中的工作狂。

　　　　律師這一行十分忙碌，我經常早上八點就開始工作，半夜兩點才離開公司，一週工作六到七天，一忙就是兩、三個月跑不掉。做我們這一行的，每一秒鐘都有新任務：現在就完成，現在就完成，現在就完成！然而，我還得

找時間當個好太太、好媽媽！

　　我習慣全力以赴，直到倒下為止，一次又一次付出110％的努力，每一件事都得做到A+。我是那種說要做，就會做到最好的人。只要我說出：「我做」，就不會有所保留，觀望別人怎麼做，而是馬上全力以赴。

　　伊蓮落入典型的 A 型人格思考謬誤：更多工作量＝工作做得更好。對這種類型的人來說，成功只有一個方法，就是拚命再拚命，直到失敗撞牆為止，然後接著從頭再來一遍。休息是失敗者才做的事。大型的跨國法律事務所（以及其他許多高風險行業）一般都要求這樣的工作紀律，逼員工參與適者生存的競賽，跟不上的「懶惰鬼」會被踢走。只要不全力以赴，就代表無能、無心工作，對組織沒有價值。因此，像伊蓮這種類型的人會認為，事業成功的唯一辦法，就是工時得比所有人長，而且要讓所有人知道自己有多兢兢業業。

　　伊蓮不只兢兢業業，還全力燃燒自己，她向我們求助時，已經快燃燒殆盡。

　　我和大部分大型事務所的律師不太一樣，

所有時間都花在服務某個大型政府機構，這是我們公司最大的客戶，一年就帶來超過 45,000 小時的鐘點費。眼看續約時間馬上就要到了，其他事務所也非常想搶這個案子，我們得拚了。我們的團隊包括 40 名合夥人與 300 多位律師、職員和律師助理等，得在 45 天內，生出包山包海的 500 頁需求建議書（RFP，request for proposal），那可是關係著超過 1 億美元的生意。

我說過我的前途完全要看這一次了嗎？基本上，如果拿下這份合約，我可以一路順利爬到合夥人位置。但要是我們輸了……就得找到新客戶。真的不是我誇大其辭，我這輩子事業會如何，要看接下來 45 天。

所有人共通的處境

伊蓮天生是好勝的完美主義者，在她眼中，世界上只有一種做事方法：努力再努力，直到使不上力。其實大家都一樣，不論是在壓力極大的企業環境中工作，或是努力銷售房地產、做好律師治工作、治療病人，又或

是做個辛苦的全職爸媽，在 21 世紀這個資訊隨時流通的全球社會，每個人都被迫加緊腳步加入現代生活，而大部分的人會感到速度快到要被拋棄。許多企業為求「瘦身」，將員工數砍半，留下的人得做雙倍工作。我們的孩子大學畢業後不得不搬回家，還有年邁的父母需要照顧。我們一個人當好多人用，無暇去想任何事，只有撐了又撐才有可能做好所有的事！

然後就體力不支倒下。

我們有可能抵達終點嗎？除非永遠有辦法像以前那樣硬撐下去，否則不可能。我們和伊蓮一樣，把自己操到過勞，還想著可以趁晚上、週末或放假時間多做一點。然而，我們僅存的一點休息時間，又被不斷發出提醒的各種科技產品占據，如電子郵件、簡訊、臉書更新、Instagram、Snapchat，一週 7 天，一天 24 個小時永不停歇。

我們該怎麼辦？外在壓力不太可能消失，所以唯一的選擇，就是往內在心理層面想辦法，善用人類天生的資源，讓自己適應環境。既然生活之中總有被壓垮的時刻，我們必須想辦法讓自己擁有復原力，快速重振精神。如果生活的步調慢不下來，就只能加快恢復的能力來跟上腳步。

什麼是「復原力」？

　　全球知名社會學家暨哈佛商學院教授羅莎貝絲・摩絲・肯特（Rosabeth Moss Kanter）在《哈佛商業評論》（*Harvard Business Review*）發表〈意外是新常態；復原力是新技能〉（Surprises Are the New Normal; Resilience Is the New Skill），將復原力定義為現代職場的「新技能」，這項技能不再只是「有的話很好」，而是「不能沒有它」。[1]

　　這本書就是要談復原力。

　　不過，這裡講的「復原力」與傳統定義有點不同。Dictionary.com 將「復原力」（resilience）定義為「經過彎折、壓縮、拉長後……能回到初始形狀。」好比海綿捏緊後放開，還會回到原本的形狀。不過，我們認為**光是回到原本的樣子還不夠**，要想辦法升級與進步。

　　我們的復原力技巧和傳統看法還有一點十分不同。每當我們說，我們協助客戶永遠保有復原力，對方聽到後通常會回：「我認識某某某，她很有復原力，先前碰上　　　　　　　，又重新站起來。」各位可以自由填空，寫上癌症、颶風、離婚等難熬的重大考驗。這一類的打擊會帶來重創，需要身旁諸多協助才能度過難關。不

過，本書不談大層面的復原力，這個長期過程通常會耗費數年、影響甚廣，我們只研究每天或每小時會碰上的復原力挑戰。本書關注的焦點是各位與親朋好友、同事相處時，有意無意間會感到困擾的日常互動。對多數人來講，相較於延續數十年的大型心理創傷，每天碰上的數百次小挫折，才是影響一生整體生活品質的主要因素。

備受敬重的運動學家詹姆士・洛爾博士（James Loehr），著有《用對能量，你就不會累》（*The Power of Full Engagement*）。洛爾博士是佛羅里達奧蘭多「強森人類表現學院」（Johnson & Johnson Human Performance Institute）創辦人，做過十分有趣的探討。[2]他研究稱霸國際網球體壇的運動員，找出為什麼參與國際巡迴賽的選手多達數百位，但獎盃老是落在某幾位常勝軍之手。最厲害的運動員究竟和別人哪裡不同？哪些習慣讓他們處於高度競爭的壓力之下，還能不斷突破自我？洛爾博士做了各式各樣的分析，但苦於找不出頂尖球員共通的特質。

直到他開始研究頂尖球員在**每次得分**之間做的事。

洛爾博士很快就看出明顯的模式。他仔細觀看數小時的影片後，發現頂尖運動員得分後會退回底線，而且在每一局、每一盤結束回到場邊時，都有非常類似的習

慣。贏家在每次得分後很明顯有同樣的行為，這些行為與「恢復精力」和「正向思維」有關。洛爾博士在頂尖球員身上安裝心跳監測器，發現他們恢復理想心跳次數的速度，比起成績沒那麼優秀的對手更快又有效率。洛爾博士進一步研究種子選手，發現差異更大。成績墊底的球員，幾乎沒有運用可以恢復精力的任何行為。他們在得分後與下一次發球前的 16 秒至 20 秒之間，持續處於緊張的高壓狀態，甚至還會分心。[3]

洛爾博士利用這項發現，徹底改變體能訓練方式，研發出一系列專注練習與放鬆技巧，引導球員擺脫失誤陰影、釋放壓力，在對手面前展現出自信。此外，他還研發出可以增加穩定性的儀式。他研發的這套方法稱為「16 秒恢復法」（16-Second Cure），現在成為全球採用的基本網球指導訓練。

洛爾博士的網球選手研究令我們好奇不已。他發現，在一場三小時網球賽的最後一盤，選手如果在每次得分之間，不斷使用微小、有時幾乎注意不到的迷你動作讓自己恢復（也就是本書所談的「微復原力」），比起沒有做這些動作的選手更有機會拿出最佳表現。我們開始想，或許微復原力不只能幫助專業運動員在網球場上恢復精神，也能讓平日生活在閃電戰壓力下的我們培養

出不斷重新站起來的能力。如果我們靠著每天隨時充電，是不是可以一整天不斷回到最佳狀態？

五大架構

我們的確有可能靠著重新訓練大腦，幫身體充電，改變生活方式，迎向 21 世紀的挑戰。本書從神經科學、心理學和生理學領域著手蒐羅研究，了解哪些事會消耗精力，接著量身打造出快速、有效恢復活力的五大策略。

我們的工作坊將這些技巧稱為「五大架構」，因為它們從全新角度看生活，打破原本的思維模式，重新看待情境與問題。我們舉辦的工作坊一共整理出五大面向，這些架構下的技巧，全都能在日常生活中「每次得分之間」快速重振精神：

1. 大腦**重新聚焦**（Refocus）
2. **重設**原始警報（Reset）
3. **轉念**（Reframe）
4. **恢復活力**（Refresh）
5. **提振精神**（Renew）

這五大架構合在一起就會帶來微復原力，讓我們在一天之中靠著種種小改變，大幅提升精力與生產力。

「小」支撐「大」

首先，重要的是辨識出「微復原力」不同於「巨復原力」（macro-resilience）。巨復原力指的是較為耗時、可以增加長期精力與促進健康的習慣，例如運動、冥想、維持均衡的營養。身心要健康的話，就得養成相關習慣。這些維持身心健康的重要「積木」，無法靠微復原力取代。然而，養成巨復原力習慣花的時間較長，通常需要努力數週至數個月才能見效，而人們常常就是因為缺乏長期毅力，無法建立好習慣。我們幻想「有一天」會生出時間讓自己變健康，然而目標卻不斷改變，那一天永遠沒有來。有多少次你聽見別人（或自己）說：「等我們搬新家……等我升官……等孩子上大學……我就會做這件事」？

微復原力則是完全相反，幾乎不花時間就立即見效，一個小時或一天就能看到不同。各位現在一邊閱讀，一邊就能立刻運用微復原力，馬上感受到效果。在這個我們連站在微波爐前都要不耐煩抖腳的世界，一定

得提供適合速食文化的方法。

　　巨復原力與微復原力可以互補。不論我們有多完美的良好健康習慣，日常生活中總是會碰上五花八門的挑戰。度過工作特別不順心的一天後，就連最勤於保養身體的人也會想癱在電視機前，抱著一袋洋芋片或一桶冰淇淋療傷，而不是硬啃有營養的食物。微復原力的技巧可以讓一天不再那麼令人精疲力竭，更容易保持良好的巨復原力習慣：選擇吃健康的食物、運動、好好睡覺，與親朋好友互動。每天重複練習微復原力，將可累積成長期效果。

開始採取行動

　　我們向伊蓮解釋，需要微復原力的幫助，不代表能力不佳。小小的調整可以讓她「好上加好」，更能發揮世界級的專業能力。在接下來關鍵的 45 天，不斷工作到快要累垮，並不會讓她拿出所需的好表現。用眼過度到視線模糊，腦袋昏沉，最終只會減損工作績效，然後開始出錯，導致矛盾，接著又得花更多力氣修正。然而，如果一路上策略性地讓自己喘口氣，就能讓她以十分看重的全力以赴精神，更上一層樓。於是，伊蓮開始

在「每次得分之間」做出不一樣的選擇：

　　星期一下午三點時，我已經坐在電腦前七個小時，接下來還得再多工作好多個小時，才有辦法準備好專案計畫書，供合夥人隔天一早的啟動會議使用。不過，我學過微復原力技巧，知道自己有選擇。我可以繼續苦撐，但也可以把孩子放在慢跑嬰兒車上出去動一動，運動完再用清醒的頭腦繼續工作。我以前從來沒想過可以那麼做。

　　反正不管怎麼說，效果很好！我和孩子一起大笑，一起做運動，一起呼吸新鮮空氣，頭腦清醒起來，然後再回到桌前，運用讓大腦重新聚焦的技巧整理想法，接著再度休息一下，唸故事給孩子聽，送他們上床睡覺。

　　我最後完成的工作量，遠勝過一直待在桌前硬撐。休息一下聽起來違反直覺，可以工作的時間變少，但真的有用。

伊蓮帶領的團隊現在以不同角度看待「全力以赴」。伊蓮依舊認真工作，要求組員努力工作，但也鼓勵大家運用各種微復原力技巧，提升健康、正向態度和腦力。

伊蓮和團隊一起透過這套方法活絡頭腦，看事情更清楚，做事也更有效率，狀況比起從前死撐活撐的時候好上太多。就算是再棘手的狀況，一天之中處理接二連三的挑戰時，只要在「每次得分之間」進行微復原力修正，就可以讓自己迫不及待想開始工作，不會陷在一直讓人想逃脫的工業革命職場噩夢之中。

我們的學員表示：

> 微復原力不是東做一點，西做一點，而是整合五大架構。重點是每一天都把微復原力擺在最重要的位置，養成日常習慣與固定流程，讓微復原力成為生活中的一環。它的特別之處就在這裡，把復原力分成小小的很多塊，接著和你拼在一起，就會看出成效。

執行微復原力調整，不需要花費數個小時，也不需要從重要工作中特別抽身。只需要做非常重要的細微調整，就能**配合**你的步調逐漸改變習慣，重振精神。

微復原力能依循原本的生活面貌調整。我們不需要脫胎換骨，但的確需要愈變愈好。這些輕鬆就能做到的微復原力調整，背後有理論為依據。我們會接受自己遇

到的各種挫折，並且以堅韌、活力與正向態度重新振作，甚至過得比先前更好。只要採取簡單的步驟，就能在充滿壓力的生活事件之中，重新站穩腳步。

　　微復原力不但簡單，還能讓生活圓滿。

02

大腦重新聚焦

提升思考、組織與執行的效率

脑袋裡有大腦，鞋子裡有腳，
你可以引導自己走到心中嚮往的任何地方。
—— 蘇斯博士（Dr. Seuss）

葛瑞格平時的工作是施展奇蹟，他日以繼夜工作，整合複雜的機械與電子裝置，如《聖經》所言使「瘸子行走」。葛瑞格專門製作符合個人需求的專業人工義肢，對精確度的要求近乎狂熱。每一位使用者需要的義肢不同，因此需要大量客製化設計與無數次微調。葛瑞格給你一條新腿時，你知道他已經盡一切努力使你舒適，而且外觀看起來無比自然。各位要是看到裝義肢的人去跑馬拉松，在婚禮上跳舞，或是在街上自在行走，請記得給葛瑞格這樣的無名英雄掌聲，他們是一群兢兢業業的奇蹟製造者。

　　葛瑞格這一行屬於高壓工作，需要高強度的專注力。他除了要從病患觀點出發，設計出符合需求的人機合一裝置，還得應付政府與保險公司的龐大官僚體制。這一行會碰到的各種麻煩都必須以不同的專業方式處理，葛瑞格有時焦頭爛額，不曉得該先全力專注在哪件事情上。

　　你曉得那種感覺嗎？事情統統擠在一起。15 分鐘後，我就要和總部開視訊會議，但檢查室有一位非常需要幫助的病患，辦公室員工在問我報帳代碼，同時其他病患又打電話來求

救……我實在分身乏術。

　　我感到壓力很大，好像被困住一樣，無路可逃。然而不管怎麼說，該做的事就得做，對吧？只是那種感覺很不舒服，我有時會不小心脫口而出不該說的話，事後後悔莫及。而且，要是我情緒不好，辦公室裡其他人也會焦躁易怒。我把它稱為「情緒屁」，因為你的負能量會一下子汙染整間辦公室，臭氣沖天。

讓前額葉皮質大顯身手

　　葛瑞格經常感到焦頭爛額的原因，要從人腦結構看起。首先，人腦分為新舊兩部分，新演化出來的部分，負責較為高階的思考。腦幹、小腦與基底核（basal ganglia）這一區則常被稱為「蜥蜴腦」，因為這一區和鬣蜥的腦相當類似，內含人類神經系統最古老的遺傳構造，也是大腦最先演化的部位。蜥蜴腦控制身體的自動功能，例如呼吸、心跳及其他維生系統。至於學習、計畫、決策等機制，則由大腦最晚近才演化出來的「皮質」（cortex）負責。

　　著有《大腦當家》（Brain Rules）的發展分子生物學

家約翰・麥迪納博士（John Medina）表示，皮質就像
聳立於大腦其他部分的某種大教堂。基本上，它是大腦
的表層，不斷透過深層電脈衝與內部通訊。「皮質」是
拉丁文「樹皮」的意思；如同樹皮是樹的「皮膚」，皮
質也是大腦的「皮膚」。大腦不同部分的皮質，有的薄
如吸墨紙，有的則厚如耐用的厚紙板。皮質縮在不可思
議的狹小空間內，皺摺特性讓頭顱能盡量容納最多皮質
表層。如果完全展開，尺寸會跟你最喜歡的那條嬰兒毯
差不多大。[1]

大腦的執行功能

本章所要探討的活動，主要源自「前額葉皮質」
（Prefrontal Cortex，PFC）這個特殊的皮質部分。它是
大腦最晚演化出來的區域，包含大腦最新、最包羅萬象
的演化架構，負責人類特有的認知功能，包括設定複雜
目標、計畫未來、抑制直覺衝動、做出明智的決策以及
組織日常活動等。[2] 相關的高階能力一般統稱為大腦的
「執行功能」（executive function）。

神經科學家指出，如右頁所示，人類的前額葉皮
質，約占整體皮質三分之一，比例遠高過其他物種。雖
然大腦機制的研究目前尚無定論，一般認為人類之所以

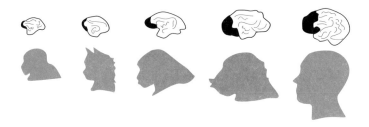

人類大腦的前額葉皮質區域比其他物種還要大

為萬物之靈，靠的是大面積的前額葉皮質帶來的優秀大腦執行功能。

改變與演化

　　如果人類的前額葉皮質比地球上其他物種更有能力，為什麼我們依舊經常感到力不從心？

　　各位可以想一想，過去 100 多年間發生的劇烈經濟變化。美國勞工統計局（Bureau of Labor Statistics）的資料顯示，1900 年代初，美國超過六成工作人口，在農田、工廠、礦場與工地等地工作，靠勞力生產有形事物。[3] 到了今日，這樣的人口則不到 15 ％。[4]

　　與此同時，管理顧問暨作家彼得・杜拉克（Peter Drucker）所說的「知識工作者」（knowledge worker，工程師、醫師、律師、設計師、分析師、辦公室員工

等）所占的工作人口比例激增。此外，服務型工作者（service worker）是另一個大量成長的領域，包括從事食品服務、顧客服務、健康照護等領域的人士。今日能實踐個人夢想，成為音樂家、政治人物、小型企業主與創業者的人數，也超過以往。相較之下，很少人被綁在生產食物，或是製作日常用品的工作。如此重大轉變帶來的影響，包括現代工作者需要比以往更高的情緒智商（人際互動技能）與抽象技能（概念性技能），而這兩種能力都與前額葉皮質有關。

除此之外，電腦與大數據興起也產生推波助瀾的效果。美國人口普查局（US Census Bureau）的數據顯示，2013 年時，84％的家庭擁有個人電腦、筆電或平板等裝置。網路讓我們得以取得大量資訊，但也帶來沉重的壓力，必須為工作與娛樂爬梳大量資訊。就算你在工廠工作，大概也得靠電腦操作機器人、設計圖樣、控管品質與處理高階製造流程。以往主要依賴體力的重複性工作，現今大多也需要更高階的技能與抽象思考。

我必須澄清，前述討論不是為了強調現代人比曾曾祖父母那輩更加努力工作。不過，過去數百年間，新型工作的確愈來愈需要人類廣泛運用各種大腦執行功能。儘管如此，對演化來講，一世紀只不過是一眨眼的時

間。現有的生物構造要出現極微小的變化，需要 10 ～ 100 萬年的演化時間，如果要等前額葉皮質長大到有辦法應付我們的需求，恐怕有得等了。

「多工作業」無法解決問題

本章開頭提到的故事中，葛瑞格碰上的是許多企業領導面臨的典型挑戰。各行各業都有精疲力竭、無法集中注意力的工作者，大家窮於應付天上隨時掉下來的問題，無法進行策略思考。他們深信，唯一的出路就是一次做很多件事，以解決眼前的千頭萬緒。然而，重要著作《注意力和努力》（*Attention and Effort*）的作者丹尼爾・康納曼（Daniel Kahneman）等科學家研究證實，人腦在一定時間內專注力有限。[5] 科學家研究不斷切換注意力帶來的額外腦力負荷；也證實好幾件事同時搶奪大腦的有限資源時，腦筋打結會帶來的生理壓力。[6] 如果同時做不相關的簡單事務，多工作業（multitasking）不是太大的問題，例如一邊走路一邊講話，或是一邊看電視一邊折衣服。

然而，如果在平常的工作日多工作業，能力就會大幅下降。根據統計，相較於持續專心，一旦中途被打斷，完成一件事花費的時間將會多出超過四成。[7] 畢

竟，切換要耗費力氣，首先要把注意力放在打斷自己的事情上，接著又必須回去做原本的事，回想剛才做到哪裡，消耗額外的神經資源，才讓自己重返正軌。愈是分心跳來跳去做兩件事（或三件事、四件事……），就會耗損愈多腦力。

同時在做的事要是愈複雜，需要動用決策分析能力，腦袋運轉速度減緩的程度將更明顯。思考流程分散時，回憶細節的能力會下降，運用創意的動力大幅減少，而且犯下嚴重錯誤的風險上升，因此整體工作品質跟著下降。2006 年的研究顯示，數百萬民眾認為邊開車邊用免持聽筒講電話是小事一樁，自己可以做得很好，然而此時的開車風險其實類似酒駕，我們的反應變慢、動作反覆，也更常發生交通意外等。[8]

神經心理學專家約翰・亞登（John Arden）的工作是監督醫療龍頭凱薩醫療機構（Kaiser Permanente）22 間醫療中心 100 多位實習醫生的訓練。他碰到一名病患抱怨過去幾年記憶力不斷變差，擔心得到注意力缺失症（attention deficit disorder, ADD）。

亞登博士首先解釋，注意力缺失症並非傳染疾病，接著提供讓生活不再一團混亂的方法：

我告訴她，也難怪她記不住任何事，因為她專注的時間，從來不曾長到足以形成記憶。我們開始規畫她一天的生活，讓她永遠專注於當下要做的事。她學到要把注意力放在單一事情上，直到完成為止。現在她的工作記憶（working memory）開始發威，更能把資訊轉為長期記憶。[9]

如果品質或準確度不重要，同時做兩件以上的事情不會出問題。不過，許多人認為同時進行好幾件事，可以讓忙碌生活**更有效率**，這其實是一種迷思，不符合科學研究結果。由於社會對於勤奮的誤解，企業各階層員工，不管是「長字輩」的高階主管或是前線工作人員，全都身心俱疲、腦力不支。

讓大腦重新聚焦

亞登博士的病患碰上的困擾，聽起來可能有些極端，不過卻十分類似我們的微復原力課程中學員面臨的窘境。因此，我們整理出實用、有研究依據、經過完整測試的方法，協助大家以更有智慧、更有效的方式，善用大腦寶貴的執行功能。

打造「專心區」

　　各位的生活中，如果有太多事爭先恐後搶奪有限的注意力，可以想辦法把自己放進一個與世隔絕的「專心區」，就像遠離塵囂的「桃花源」。所謂的專心區，可以是實體的區域，例如不希望被打擾時，走進家中或工作場所的特定地點。專心區也可以是一段時間，也就是一天之中被指定為「安靜」或「專注」的固定或臨時的時段。不論是空間或時間的「專心區」，重點是要特別劃分出來，在專心的期間排除一切干擾。

　　你可能自認忙到不行，就連挪出一小段中場時間都不可能。我們輔導的客戶表示：「老闆要我隨時待命」「每件事都需要我馬上處理，同事需要我」。然而事實上這些事總是永遠有轉圜餘地。你可以和周遭的人商量好，多久回覆一次電子郵件、簡訊或電話，讓自己能專心做事。但是，有急事的時候還是可以聯絡你，公司上下有什麼事也可以找你。一旦主管了解，部屬不停被打斷會拖累工作效率，八成就會允許更有彈性的做法。

　　要成功執行「專心區」，記得和周遭的人溝通好，事情緊急到什麼程度才能打斷你。設定界線時也可以發揮一下創意，以我們研究過的醫院為例，護理師分送藥物時，身上會掛顏色鮮豔的背帶，別人就知道此時不宜

打擾，以免造成可能的重大失誤。我們參觀過的一間辦公室是吵雜的開放式大型空間，因此員工依據火車的「安靜車廂」概念，指定一間會議室作為安靜的工作空間。所以，只要配合自己的需求，找出專心的方法就好。有些人可以在一天之中挪出好幾個專心區，有些人則只能每一、兩週建立一次專心區。不過，不論是一個或十個專心區，若能好好利用保持專注的桃花源，生產力將大幅提升。

和身邊的人商量界線時，如果多點彈性，不但自己更能遵守原則，也能鼓勵其他人尊重你的空間。我們合寫這本書時就有類似的第一手經驗。我們經常在同個時間一起寫作，每當有人叫另一個人時，被打擾的人思緒總會被打斷，靈感消失。因此，我們商量好，打斷對方時，永遠要先獲得對方同意。被問到：「可以打斷你嗎？」可以斬釘截鐵回答：「不行」。武斷的拒絕並非冒犯，而是為了效率，盡量減少被打斷的次數。等到我們覺得可以暫停，再禮貌告知「可以了」。除非這時對方已經進入工作狀態，架起虛擬的「禁止進入」告示牌。

我們其實摸索了一陣子才找到互相配合的方式。亞倫被打斷時，特別容易暴跳如雷。幾年前發生過一件事實在永生難忘。當時邦妮因為地板濕滑，在南塔克特島

（Nantucket）不小心跌斷**唯一**的腳踝，只能靠輪椅代步。然而，我們經常坐在咖啡廳一起寫作（遠離辦公室的專心區），還刻意坐在咖啡廳的兩頭，以防彼此干擾。有一次，邦妮有事要問亞倫，坐著輪椅一路滑過咖啡廳，到他背後叫他。亞倫氣邦妮從身後探頭探腦，大叫：「帶著輪椅滾遠一點，別打斷我。」周遭正在享受爪哇咖啡的顧客當場嚇到。現在，我們找到更好的方法來溝通雙方的界線。設立專心區不但能促進效率，也能避免在公眾場合出糗，對婚姻來講更是好事一樁。

另一個例子是微復原力學員江（Jiang）的故事。有一年多時間，江得到的績效評估都說，她太容易替太多人做太多事，因此升遷機率不高。江被當成「工蜂」，不是資深管理職的理想人選。過度多工作業嚴重影響她的大腦執行功能，她無法證明自己能勝任公司高階管理責任。不過，她立下「專心區」後，情況立刻改善：

> 我很自然想要一次做很多事，設立專心區給了我排出優先順序的空間，得以跳脫恐慌模式。我原本處於每天忙翻天的失控狀態，工作時無法樂在其中。我太常向部屬道歉，因為他們提醒「我」還有哪些事得做。善用專心區之

後，我的頭腦變得清醒⋯⋯自信也回來了。其
他人發現，現在的我更能掌控情況。

掌控住大腦執行功能後，自然會看起來更像「執行
長」，也因此成為更優秀的升官人選。

改變職場文化

葛瑞格除了同時得應付好幾件事，辦公室同事還會
不時地打斷他，這更是讓他忙不過來。他如果要建立有
效的專心區，第一件事就是召集同事，商量更好的對
策，尊重每一個人的界線：

辦公室空間狹小，大家都離得很近。因此
每當我想一鼓作氣完成工作，又只需要從其他
人那裡多得知一個資訊就能收工時，我會很想
轉頭打擾大家，看看誰知道答案。但是，我卻
不希望別人打斷我，這樣實在不公平。我也得
提供同事專心區，將心比心後，他們會更尊重
我的專心區。生產力很重要，但也得顧及生活
品質。

「一起工作」與「不斷彼此干擾」之間通常只有一線之隔。時髦的高科技公司通常提倡取消私人辦公室，有時員工甚至沒有專屬座位，每天換地方辦公。開放式的彈性辦公室有許多好處，然而缺乏私人空間會耗損腦力。不過不管如何，不能把一直被打斷當成理所當然，我們輔導過的許多人，都很訝異可以藉由溝通調整界線。

　　我們鼓勵葛瑞格和團隊成員開會，討論如何設定專心區與界線。這是為了他好，也為了部屬好。葛瑞格告訴團隊成員：

> 　　我感覺得到，我打斷你們的時候，你們會不高興。我也一樣，被打斷的時候思緒會混亂。我們來試試看，把要問的事集合起來一次問完，不要一想到什麼，就立刻呼喚別人。
>
> 　　此外，在我見下一位患者之前，需要進入專心區。見完一位病患後，下一位病患進來看診之前，通常只有一、兩分鐘空檔，我會利用那個時間集中思緒。不過，如果很緊急，還是可以打斷我，這個做法是有彈性的。

　　葛瑞格向同事強調，這個新的專心區文化適用每個

人，不是只有身為老闆的他才可以設立界線。他告訴我們：

> 想要別人尊重你，你也得尊重別人。當我
> 要求別人這麼做，自己也要做到。現在，我們
> 都是利用手勢確認想打擾的那個人是否方便接
> 受提問，而且效果非常好。

葛瑞格的團隊很快就享受到專心區帶來的好處，人際溝通變得更有效率，辦公室氣氛不再那麼緊繃。大家尊重彼此的界線之後，員工更投入於工作，病患得到更好的照顧，要端出高品質的工作成果，不再那麼令人精疲力竭。

✓ 設定專心區的小技巧

1. 在行事曆上列出專心區，空出那個時段，趁機完成需要精確度、品質與創意的工作。
2. 畫出一塊具體、可以進入專心區的安靜空間。或許你會需要一扇可以關上的門。
3. 和同事、朋友、家人商量界線，讓他們知道在什麼情況下用什麼方式打斷你比較好。解

釋需要專心區以增加生產力的原因與做法，
不過不要忽略身邊的人的需求，畫分專心區
時別過頭。

4. 利用 app 或外掛程式，暫時把電子郵件、簡
訊和來電的提示關成靜音。這些工具大多可
以設定成發生緊急事件時，依舊能打斷你。

5. 進入專心區時沉澱情緒、清空頭腦，相關技
巧請見前文。

減少大腦負擔，不要一切都用記的

　　我們和《工作時的大腦》（*Your Brain at Work*）作者
大衛・洛克（David Rock）[10] 共進午餐前，已經相當熟
悉減輕負擔過重的前額葉皮質工作記憶的好處，讀過做
筆記的好處 [11]，也研究過靠科技助大腦一臂之力的方
法。[12] 根據我們的經驗，白板、簡報架和投影片等視覺
輔助工具，都能減輕學員的負擔，不必在腦中一次裝進
太多抽象概念，留下更多大腦頻寬進行分析與創意合作
的工作。不過那次見面時，大衛以相當簡單的方式，示
範如何在日常生活中運用相關研究，讓我們的思考更上
一層樓。

在那個陽光普照的春日下午，我們在曼哈頓市中心一間時髦的小餐館和大衛共進午餐。我們一入座點完餐，他立刻開始討論大腦、領導力與復原力，還做了一件事讓我們永生難忘：他拿出一本看得出經常使用的線圈筆記本，放在我們兩人中間的桌面上開始畫圈圈和心智圖，以解說這次對話的要點。

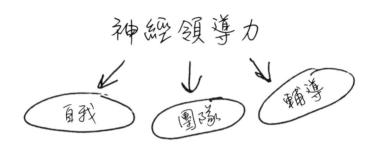

大衛不是在做筆記，這些塗鴉也不是要留作日後參考，他話一講完，甚至就把那些給丟了。他畫圖只是為了在講話的當下減少大腦的雜訊，此外別無用途。

討論抽象的概念對大衛或我們來說其實並不是特別困難，就算沒有當場畫圖也可以討論。然而，額外的輔助可以加強記憶、節省腦力，保留更多精力進行活躍的討論與認知上的連結（cognitive connection），而且雙方的對話將更豐富、更有生產力。此外，當天接著從事

其他耗費腦力的工作時，也比較不會那麼疲憊。

我們都以為，隨時隨地想像、發明、計畫與重組資訊是人類的基本能力，然而事實上，這種活動耗費的力氣遠遠超乎想像。如果能隨時節省腦力，就算只是省一點點，也能明顯提升長期的思考品質。大衛示範減少大腦負荷的方法，就算只是吃午餐時聊天這種看似輕鬆的活動，也可以想辦法減少腦力消耗。

大衛的方法讓我們想起一則愛因斯坦的軼事。有一次，同事詢問愛因斯坦的電話號碼，結果他拿出電話簿查詢。對方目瞪口呆：「您是全世界最聰明的人，卻連自己的電話號碼都記不住？」

愛因斯坦回答：「不是，是我沒記。一查就知道的事，幹嘛要記？」

✓ 減少腦力負荷的小技巧

1. 養成習慣，隨時減少大腦負荷。開會時，在紙上畫下構想的泡泡圖、記筆記，或是思考決策時善用白板作為輔助。對話時，把這些圖與筆記放在每個人都看得到的地方。

2. 多數人已經知道，可以善用列下「待辦事項」的方法減少大腦負荷、增加效率。

3. 隨身攜帶小筆記本（紙筆或智慧型手機），記錄突然產生的靈感及其他構想。

4. 用智慧型手機拍下構想的泡泡圖與白板筆記，日後隨時要用都可以找得到。

5. 別忘了，就算不存下筆記，光是寫筆記就能提升思考品質。

決策時刻更要注意時機

法官、社工和犯罪學家正在訊問以色列監獄裡三名囚犯。這句話聽起來像是無聊笑話的開頭，不過其實是《紐約時報》（*New York Times*）報導過的真實故事，取材自一項研究計畫。[13] 三名以色列囚犯都已經服完三分之二的刑期，但最後只有一人出獄。猜猜看是下列哪一個人獲得假釋？

1. 阿拉伯裔以色列人，詐欺罪，刑期 30 個月（上午 8:50 審理）。

2. 猶太裔以色列人，傷害罪，刑期 16 個月（下

午 3:10 審理）。

3. 阿拉伯裔以色列人，詐欺罪，刑期 30 個月
（下午 4:25 審理）。

　　由於法官是猶太人，看起來那名猶太囚犯比較有可
能獲釋。就算不考慮種族偏見，第二名囚犯剩下的刑期
也最短。然而，真實故事中，只有第一名囚犯獲得自
由。但是，如果他可以被放出來，為什麼第三名囚犯不
能？明明兩個人犯的罪完全一樣，刑期也一樣？

　　那篇《紐約時報》報導的作者約翰・提爾尼（John
Tierney）觀察到：「假釋委員會的決定其實遵循了特定
的模式，但是與種族、罪名或刑期無關，而是跟審理時
間有關。」史丹佛大學（Stanford University）的強納森・
李華夫（Jonathan Levav）與本・古里安大學（Ben-Gurion
University）的沙依・丹齊格（Shai Danziger）兩位研
究人員，分析八位法官判定的 1,112 樁案件，發現早上
審理的案件獲得假釋的機率大約是 65%。法官休息吃點
心或午餐前，假釋機率降至 0 左右。休息過後，機率再
次攀升至 65%，接著再度緩緩下滑，直到下次休息或下
班時間。

　　第一位犯人很幸運，案子在早上 8:50 就獲得審理，

假釋出獄的機率高出許多。另外兩位犯人將會在牢裡待得比較久，大概只是因為不巧被安排在下午接近傍晚的時刻面對法官。李華夫與丹齊格以相當含蓄的口吻表示：「我們的研究發現，法庭審理結果可能受到與法律判決無關的外在變數影響。」

此外，大量研究結果也顯示，連續做出大量決策時，愈晚下的決定，決策品質很容易出問題，這種現象稱為「決策疲勞」（decision fatigue）[14]。不過，專家也指出，雖然我們的心智敏銳度（mental acuity）通常比自己認為的還要脆弱，只要採取一些非常簡單的對策，就能讓頭腦再次清醒，例如欣賞大自然景觀[15]、小憩一下[16]、轉換為正向的心情[17]，以及增加體內血糖濃度。[18]

2014 年另一篇研究顯示，即使急診觀察結果顯示沒必要開抗生素給病患，看診時間愈晚，醫生愈有可能過度開藥。[19] 受訪的護士表示，多數止痛藥成癮的病患都知道，要趁著看診時間快結束時去看醫生，比較容易拿到藥物。法官與醫生受過高等教育，經驗豐富，我們信任他們的智慧，把影響生死的決策交給他們，但是就連他們的決定，顯然都受一天之中的時段、多久前進食等因素影響。我們一般人的判斷力，更是可能受相關因素影響。

✓ 決策時重振精神的小技巧

1. 把做重要決定的時刻安排在早上，或是進食、休息、轉換為正向的樂觀態度，重振精神過後再做決策（詳見第四章）。

2. 除了要留意自己決策疲勞的程度，也要注意團隊中其他人的狀況。如果需要在午餐前或一天即將結束時做重要決定，想辦法延期，等大家重振精神之後再討論。

3. 簡化辦公室、衣櫥、屋內與例行公事，減少每天必須做的決定。舉例來說，隨著出差的天數漸漸增加，邦妮簡化打包行李的方式：只穿黑色的裙子、上衣和鞋子，再藉由首飾與紅色、藍綠色、鮭魚粉色等顏色鮮豔的外套，讓整體打扮亮眼一點，省下大量打包、打扮與乾洗的時間。

4. 訓練團隊其他成員承擔更多決策責任。事必躬親的管理法會讓同事養成不做決定的習慣，還會不管大小事都來找你。想要維持效率，就把做決定的權力分散出去，但也要提供適當的協助。

5. 如果是定期要做的決定，可以靠檢查表省下

時間和腦力也增加準確度，例如該雇用哪位員工、季報裡要放哪些項目、下次添購家用品時要買什麼。你有沒有在抵達健身房之後，才發現少帶運動鞋的經驗？如果有健身房日的檢查表，就不用耗費精神決定該帶哪些東西。

檢查表不同於一般待辦事項。待辦清單是為了幫助記憶，一旦所有事項都完成後就可以丟棄。檢查表則可以重複使用與不斷調整，省下特定工作必須做的評估和分析。著名外科醫師葛文德（Atul Gawande）在《清單革命：不犯錯的祕密武器》（The Checklist Manifesto）一書中，提到醫院如何靠著檢查表大幅改善大小事，不論是預防感染或手術的流程，檢查表都能派上用場：

> 檢查表似乎對每一個人都有好處，就算是經驗豐富的老手也可因此避免很多錯誤。檢查表就像一種認知的安全防護網，在我們的記憶力和注意力出現漏洞時及時彌補，也使我們不遺漏任何一

個細節。[20]

　　葛文德醫生坦誠，他**真的**不認為檢查表能提升自己的手術品質，而是為了其他外科醫生訂定出相關政策。不過，他也誠實說出曾因使用檢查表，數度避免出錯，而且是重大失誤。就連聰明過人、接受過嚴格訓練的醫療專業人員，也能藉由檢查表，節省寶貴的大腦決策資源，把腦力留給最重要的事。

6. 洛克建議「排出優先順序才是首要任務」（prioritize prioritizing），因為排序非常耗腦力。就連只花幾分鐘做需要專注的事，例如回信，都可能讓我們沒有多餘腦力適當地排出優先順序。[21] 排順序的工作需要動用工作記憶同時進行一連串抽象概念的決定，因此應該趁著頭腦清楚、沒有其他干擾的情況下，利用視覺輔助，如顏色分類、字卡、便利貼、各種方便挪移位置的道具，協助自己排出正確的順序。由於找出最佳順序相當不容易，不妨讓這些提振腦力的工具一起派上用場。

動一動，頭腦更清楚

中年危機來臨時，有人懊悔這輩子一事無成，開始意識到光陰一去不復返，感嘆青春不再，試著彌補過去的過錯，不過享譽全球的神經科學家鈴木溫蒂（Wendy Suzuki）不太一樣。她的中年危機對策是開闢全新的研究領域，寫下暢銷書《大腦健康，生活就快樂》（*Healthy Brain, Happy Life*），記錄個人的轉變。[22] 此外，她還養成全新的運動習慣，結果竟然發現，定期到健身房運動後，寫研究經費申請書與論文的工作變得更輕鬆：

> 以前我申請研究經費時，一個欄位通常得寫整整一星期。開始運動後，擬草稿變得輕鬆有效率，修改速度變快，而且比以前更享受工作的過程。我的注意力愈集中，思考愈清楚，也更能抓到各種構想之間的實質關聯，速度比平常快很多。

運動有益身體健康不是什麼新鮮事，不過很少有研究探討運動與大腦之間的關聯，所以溫蒂教授對此深深著迷，全力投入研究運動對記憶、創意、心情等腦部功能產生的影響。她所做的研究大多和微復原力有關，例

如每個月持續運動帶來的好處。

此外，也有多份研究顯示，今天運動，今天就可以讓大腦運轉得更有效率。史丹佛大學瑪麗莉・奧佩佐（Marily Oppezzo）與丹尼爾・史瓦茲（Daniel Schwartz）2014 年進行的四項綜合研究顯示，散步期間創意會大增，而且效果持續到散步過後。[23] 此外，實驗比較過「在陽光普照的戶外散步」與「在昏暗的室內走路」，發現結果是一樣的；有走就有效，環境沒有差別。

另一項實驗測試某所大型都會大學的學生，發現上完20 分鐘舞蹈課後，受試者的思考彈性、創意表達，以及整體的思考原創性，皆大幅改善。[24] 伊利諾州一項突破性的高中生實驗計畫，讓閱讀能力落後同年級能力指標的學生，每天早上都上一堂特別設計的體育課。相較於下午去上一般體育課的學生，這組人的成績改善速度幾乎快了一倍。[25] 整體而言，運動可以大幅促進當天的高階思考能力，運動結束後也持續有效，好處包括腦筋轉得更快、記憶與回想能力改善、選擇性注意力提升[26]，創意思考能力也增加。[27]

運動是好事，不過也得留意重要的限制。喬治亞大學（University of Georgia）菲利浦・湯普羅斯基教授（Phillip Tomporowski）的研究顯示，短跑衝刺與馬拉

松等高強度運動過後，思考能力反而會減損。如果運動到脫水或疲憊的狀態，鍛鍊過後的腦力也不會有所改善。如果想在短期內促進腦力，60分鐘內的「非最大運動」（submaximal exercise）是最理想的選擇。[28]

這些研究的發現，完全不同於「巨復原力」的觀點。巨復原力的做法是，持之以恆的運動可以帶來所有長期好處，碰上壓力時，暫時把運動習慣擺一旁也沒關係。然而，專注在超短期表現的研究則顯示，如果當天你需要大腦火力全開地運作卻蹺掉運動，將無法全力以赴。微復原力強調，正確的運動方式可以立即提升腦力。

了解相關知識後，我們完全改變平日經營忙碌事業的方法，不會再說：「今天很忙，沒辦法運動。」如果碰上需要全神貫注的大日子，反而一定會挪出時間動一動，至少去走一小段路也好。亞倫喜歡早上先挪出時間騎腳踏車，下午再寫作。邦妮出差演講時，常常利用飯店健身房運動，或是在房間的地板上利用 Tabata 計時器進行間歇運動。他們都發現，不論是寫作、演講或其他耗費腦力的工作，運動後會做得更好。

如同鈴木教授所言：「把運動加進生活後，反而會多出更多時間與精力，更有生產力。」[29]

✓ 適當的運動小技巧

1. 如果當天需要大腦火力全開，例如：演講、寫企劃書、向重要人物簡報，應該特別挪出時間運動，刺激血液循環、腦內啡與創意。把「今天太忙，沒辦法運動」，改成「今天有太多事要做，一定得運動一下，活化大腦。」

2. 不要運動過頭！運動到筋疲力竭（或是超過60分鐘），腦力反而會下降，造成反效果。如果當天太忙，縮短運動時間就好。比較有空的日子，或是晚上工作結束後，再好好鍛鍊體能。

3. 如果是和一、兩個人開會，不要借會議室，改約在辦公室附近或你的辦公樓層邊走邊聊。

4. 找出一套坐在辦公桌前就能做的運動，例如：

轉肩：肩膀往前轉三到五次，再往後轉三到五次。

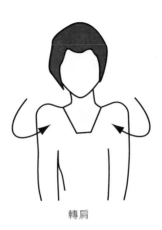

轉肩

抬腳趾：腳跟緊貼地板後抬起腳趾，停留 30 秒以上。這個動作站著也能做。

抬腳趾

伸展脖子： 放鬆向右傾斜頭部，讓右耳盡量接近右肩。用手輕輕把頭再往下壓，停留 10 秒後放開，再換邊做相同的動作。

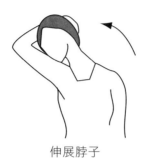

伸展脖子

擴胸： 坐在椅子前半部邊緣，雙手往後伸抓住椅背，挺胸的同時吸氣後吐氣。可以的話，頭部微微往後仰，伸展脖子。繼續呼吸，維持相同姿勢至少 30 秒。

擴胸

培養 21 世紀必備的競爭力

人類是受上天眷顧的萬物之靈，有辦法想像出還不存在的事物，能為長遠目標延遲享樂，還有辦法深思熟慮。由於這些大腦執行功能相當珍貴、又可以帶來生產力，我們經常想辦法利用它們拓展人生。

然而，從來沒有人提供大腦的使用手冊給我們。我們用愈來愈抽象複雜的刺激，不斷轟炸、侵蝕這個珍貴的器官。不過，要是能以更有效率的方法運用大腦，就能提升一整天的表現。我們一路走向未來時，改善大腦效能的能力將愈來愈關鍵。

研究人員預測，機器人與人工智慧軟體將取代大量職業，至少五成的美國勞工將面臨工作消失的危機。[30]以法律這一行為例，許多律師助理工作將被電腦取代，它們搜尋檔案的速度更快，成本也比較低。專精於重複性事務的律師，例如簡單的遺囑，有可能被問卷網站取代。人類要是想在新世界保住工作，就得鍛鍊自己的相對優勢（comparative advantages），也就是應付未知情境、批判性思考以及整合分散資訊的能力。讓大腦重新聚焦的技巧可以有效增進前額葉皮質的效率，讓我們面對機器時更具競爭力。

讓大腦重新聚焦的策略除了讓我們生存下去，還能享受更理想的生活方式。如果不必時時處於精疲力竭的狀態，就能將精力用於發揮同理心、創造力與享受樂趣。我們也會有能力解決眼前的挑戰，想像更美好的生活，替未來設定目標，並且自在優雅地朝目標前進。

03

重設原始警報

別被情緒綁架，奪回大腦主導權

一定得來一塊派，壓力就不會再來。
—— 大衛‧馬密（David Mamet）

一個童山濯濯的矮冬瓜，對著華麗的英式古典辦公桌後一位女性破口大罵，這樣的場景可能讓人嫌惡，卻是凱斯琳經常必須面對的職場狀況。

　　「妳好大的膽子敢這樣對我，」男人咆哮：「妳知不知道我是誰？」

　　一頭金髮的凱斯琳・卡麥隆（Kathleen Cameron）博士氣質高雅，一雙柔和的藍眼睛，笑起來給人一股溫暖的感覺，很難想像她是一所預備學校（pre-school，編注：為了進入貴族私校做準備的私立學校）的校長。卡麥隆掌管著新英格蘭首屈一指的預備學校，每天得親上火線面對像「暴怒先生」這樣自以為是的家長。他們認為既然繳了大筆學費，請凱斯琳等教職員工教孩子，付錢的人是大爺。

　　　家長發飆時，真的會帶來大量的負能量。
　　　有時我覺得應該洗個澡什麼的，才能除去一身
　　　霉氣，然而我的工作很重要的一環，就是處理
　　　這種事。

　　凱斯琳亟需找到方法減壓，她的身邊充滿抓狂的家長、對理想幻滅的老師、堅守過時傳統的保守行政機

構，外加眾多叛逆的 Z 世代學生，幾乎隨時都在承受情緒衝擊。凱斯琳在大木桌後待了將近十年後，覺得自己不像校長，比較像一群怪獸的管理員。

> 我不得不接招，跟著咆哮或是吼回去，像教育班長一樣嘶吼著發號施令，但是我討厭這樣做。當初讓我熱愛這份工作的原因似乎已經消失了，我變成連自己都不認識的瘋子。

別被原始大腦「綁架」

凱斯琳的情況其實並不特殊。人類只要覺得遇到攻擊或威脅，或是碰上緊急情況，身體就會瞬間以各種方式做出強烈反應，很難靠理智控制。人處於壓力時，時常感覺自己不像自己，一衝動就做出或說出後悔莫及的事，事後才哀嚎：「我也不知道當時怎麼了。」

這種「不像自己」的感受，背後的確有科學依據。大腦中較高等的區域「前額葉皮質」，有時會被其他較為原始的部分綁架，由原始、多疑、比較不聰明的自我接手。人類處於高壓下的時候，的確**不是**平常的自己。

杏仁核挾持

「杏仁核」（amygdala）一詞源自希臘文「杏仁」，是人類大腦皮質雙側顳葉前方的杏仁狀灰質塊，隸屬於醫界所說的邊緣系統（limbic system），有時也被當成古老蜥蜴腦的一部分。我們接收到外界傳來的威脅時，杏仁核扮演著重要角色。丹尼爾‧高曼（Daniel Goleman）在重量級著作《EQ》（*Emotional Intelligence*）提出「杏仁核劫持」（amygdala hijack）一詞，描述大腦遇到刺激時，出現立即、小題大作且過度的情緒反應。這種現象背後的機制，是神經科學家約瑟夫‧李竇（Joseph E. LeDoux）在 1980 年代末期所發現的。高曼表示：

> 李竇發現，除了連接至皮質的大型神經通道，還有一小群直接從視丘傳導至杏仁核的神經元。這條比較短小的通道，如同一條神經後巷，讓杏仁核得以直接接收感官傳來的刺激，搶在新皮質（neocortex）之「前」作出反應。[1]

高曼指出，在老鼠的大腦裡，神經脈衝通過這條「後巷」傳導至杏仁核的時間，只需要千分之 12 秒，新

皮質則需要兩倍的時間才能接收到相同的訊息。人類的神經脈衝傳導時間可能長一點，不過兩種通道花費的傳導時間比例差不多。

杏仁核如果感覺安全受到威脅，就會警鈴大作，有如在體內發出警報。[2] 去甲腎上腺素（norepinephrine）、皮質醇（cortisol）、腎上腺素（adrenaline）等引起「打或逃反應」的荷爾蒙，立刻進入體內。各位有沒有聽過「氣到眼睛都花了」這句話？我們暴跳如雷時，真的可能看不清楚。因為四處亂竄的荷爾蒙會造成視野變窄、聽力提升、心跳加快與血壓上升、肌肉張力增加、免疫反應下降、無法專注在任何不相關的事物上，還會啟動其他生理反應，好讓身體準備好要打鬥或是逃跑。

杏仁核劫持讓史前人類存活率大增，因為他們需要迅速下決定應對危機，事關生死存亡。然而到了今日，打或逃反應反而通常不利於處理日常壓力。21 世紀的挑戰需要高階思考能力，例如理解、分析和創造力。一旦出現杏仁核劫持的現象，傳遞到新皮質的神經脈衝自然會減少，導致我們**無力**發想與合作，也看不到事情的全貌。處於壓力之下時，我們通常會出現負面情緒（例如：恐懼、焦慮、憤怒和悲觀等），理解與分析能力也容易出錯。人類天生的危機反應，經常與現代世界所需的能

力不合拍。

在這本書裡，我們有時候會用「情緒劫持」（emotional hijack）取代「杏仁核劫持」，因為並非所有情境都與杏仁核有關。「杏仁核劫持」是光譜的一環，光譜上除了打或逃反應，還有其他大腦避開危機的方法。

避開劫持（減少反應）

各式各樣的情境都可能觸發情緒劫持，舉例來說，向公司高層、大客戶或同業作簡報時，我們會手心冒汗、心跳加速，還會覺得舌頭打結。身體想幫我們，讓我們「上緊發條」，但反而造成反效果。

藥廠業務莉莉（Lily）告訴我們某天早上車子發不動的故事。那天，她三歲的兒子強尼（Johnny）已經在後座的兒童座椅就定位。雪上加霜的是，先生尼克（Nick）前一天車子才送修，還得順道載他去上班。夫妻倆手忙腳亂，挖出後車廂的跨接線（又稱救車線），莉莉早上九點半要跟很有可能合作的新客戶開會，這下子看來機會要泡湯了。

這類型的情境會引發我們體內的連鎖反應，就像火車離站後，活塞開始高速運轉，車輪轉動，蒸汽噴出。很快地，裝載著大量情緒的貨運列車，似乎擋都擋不住。

不過，一旦我們注意到情緒即將爆發，其實可以想辦法避開劫持，或至少拉下煞車。莉莉接受過微復原力的訓練，所以馬上知道整個情境是怎麼一回事，並且善用技巧調整心態。她在老公想辦法發動車子的時候，趁著這段多出來的寶貴時間陪兒子強尼，而且小孩對於發生的事很感興趣。莉莉最後準時送老公和兒子上班上學，還準時抵達會議。她能趕上開會時間，不一定是微復原力的功勞，但她身心俱疲的程度的確減少了。

　　麻煩的是，負面情緒反應在職場屢見不鮮。高曼指出五種最常引發「辦公室劫持」的因素：[3]

1. 傲慢無禮。
2. 不公平的待遇。
3. 沒人感激。
4. 覺得心聲或意見沒被聽見。
5. 不可能達到的期限與要求。

　　舉例來說，當我們未受邀參加晚餐會議或是某個專案團隊，就可能感受到和實情不成比例的威脅。以功能性磁振造影（fMRI）掃描監測大腦的模擬實驗結果顯示，未受邀到操場玩丟球遊戲所引發的大腦活動，近似

於受到生理傷害時的大腦反應。[4] 人類的演化之所以讓遭到排擠的感受近似疼痛，可能是因為對原始文明來說，個人與團體之間的連結關乎生死。[5] 微不足道的社交小事，例如只是把桌子擺到新辦公室，都可能讓我們感覺生命受到威脅。

科學家也證實，光是擔心生活有壓力，就能帶來和壓力本身一樣大的傷害。[6] 史丹佛大學心理學家凱莉‧麥高尼格（Kelly McGonigal）在著名的 TED 演講「如何讓壓力成為你的朋友」（How to Make Stress Your Friend）中特別提到這點。[7] 壓力不只和發生什麼事有關，也要看我們如何應對。一旦了解情緒劫持原先的機制是用來幫助生存，就有辦法在不需要這項機制時，減少相關影響，不被生活中各種壓力輕易擊垮。

TED 演講「如何讓壓力成為你的朋友」

不要自己嚇自己

我們所感受到的威脅，並不是每一種真的都會帶來傷害；有的威脅甚至根本不存在。心理學家用「糟糕化」（awfulizing）與「災難化」（catastrophizing）來形容人容易把事情往壞處想的現象[8]，舉例來說，主管走經過我們的辦公桌時，要是皺了一下眉頭，沒打招呼，我們就會開始憑空想像為什麼她那麼做。是不是剛交出去的報告有問題，還是她討厭我，大客戶出了問題等。我們開始幻想工作不保的各式情境：房貸繳不出來；女兒會因為我無力負擔大學學費而休學；另一半會跟我離婚⋯⋯。然而，多數的情況是，後來我們會發現，主管的行為其實和我們一點關係也沒有，只不過是她中午開完會後，和別人的車子發生小擦撞，所以才心不在焉。

五花八門的憂慮都會大幅損耗精力、專注力與健康。壓力荷爾蒙需要很久一段時間才會消失，造成免疫系統受到抑制，肌肉緊繃，一有風吹草動便神經兮兮，身心都因**不曾存在**的危機飽受折磨。

專門研究「糟糕化」的復原力研究指出，「具備復原力的人，可以依據情況所需的情緒資源多寡，適度彈性調整自己的反應。」[9]復原力強的人知道沒有危險後，有辦法迅速回到原本的狀態，其他人則在危機老早解除

後，依舊出現面對壓力時會有的化學與生理反應。

　　類似的狀況出現在對自己期望很高，鞭策自己一定要成功的人身上。同時，也出現在負責打理家務的家長身上，他們擔憂家人不夠健康快樂，或是煩惱社區問題，老是感到分身乏術。大家似乎給自己招來很多不必要的壓力。如同馬克・吐溫（Mark Twain）所言：「我的人生碰過一堆問題，但多數時候都是自尋煩惱。」

重設原始警報的方法

　　我們其實可以避開打或逃荷爾蒙一直受刺激帶來的傷害，隨時關掉遠古時代遺留的警報系統，重新設定身心反應來跟上今日的複雜世界。

認清你真正的情緒

　　回到新英格蘭預備學校校長凱斯琳的例子。我們請她在和家長、老師起衝突時，認清當下的情緒感受。感到憤怒？沮喪？無助？羞愧？科學家已經證實，只要簡單說出當下的感受，就能遠離負面情緒。加州大學洛杉磯分校（UCLA）馬修・李伯曼（Matthew Lieberman）

與團隊近日進行的功能性磁振造影研究顯示，認清情緒可以增加前額葉皮質活動，打斷威脅反應。[10] 我們可以當一個公正的旁觀者，檢視自已的反應，不會被牽著鼻子走。

只是表達「我很氣」或「我覺得被逼到絕境」，就可以幫忙拉下情緒火車頭的剎車。一旦抽離情緒，進入思考模式（重設原始警報系統後），就會發現自己有能力選擇不同的情緒反應，例如同情、幽默或投入。[11] 大腦掃描技術權威丹尼爾・亞蒙（Daniel Amen）博士也同意這樣的看法：「通常光是認清某種念頭，就能奪回主導權。」[12] 舉例來說，當你發現自己一直在幻想天要塌下來了，那就說出來，告訴自己：「你這是在杞人憂天」。說出事實之後，就能回歸正軌，奪回遭到情緒劫持的部分精力。

凱斯琳試過「認清情緒」的做法之後，發現自己逐漸奪回主控權。現在每回碰上衝突，她就會悄悄採取相關行動，並且描述感受到的情緒，這套流程賦予她更多力量得以從情緒中抽離。

☑ 認清情緒的小技巧

1. 情緒湧上來、快失控的時候，停下所有動作，認清自己感受到的情緒。你可以在開會期間、即將上台說話或是被同事惹毛時，（在心中悄悄地）這麼做。認清情緒後，它就無法再勒住你不放。

2. 記住，你可以選擇要怎麼做，而你的做法又會影響到感受。如果同事魯莽無禮，你可以生氣，也可以選擇體諒對方。你也可以以牙還牙，或是選擇無視，冷處理就好，開個玩笑也可以。

3. 認清負面情緒後，重新改為正向的名字，例如簡報前要是感到「焦慮」或「緊張」，可以告訴自己那其實是「興奮」或「非常在乎」的感受。

刻意休息，中斷壓力反應

某天一大早，我們正準備為一家財星百大健康照護企業進行一整天的領袖課程，卻發現與會者瑪麗安（Marion）抵達時一副心煩意亂的樣子。原來她人還在

飯店時，留在家裡的先生從美國另一頭打電話過來，告訴她兒子摔斷手，正準備送急診。瑪麗安被驚訝與恐懼嚇得驚慌失措之餘，手機還不小心掉進馬桶。雖然她提早抵達會場，整個人看起來卻沒有進入狀況。我們建議她深呼吸，但她深呼吸時，肩膀與胸口一直上下起伏，我們立刻阻止她，教她用更理想的方式減緩體內腎上腺素的分泌。

大家都知道，碰上壓力時深呼吸是個好主意，然而很少人知道，像瑪麗安那樣用胸部呼吸，反而會雪上加霜。恐懼與憤怒會讓人呼吸短淺，造成氣只停留在胸口，相較於運用橫隔膜的腹式呼吸，吸進的空氣**減少了**八～十倍。胸式呼吸遠比腹式呼吸耗力，因此胸式呼吸反而會增加壓力。[13] 研究人員表示：「從緊張的呼吸轉換成放鬆的自然呼吸，可以關掉體內的打或逃壓力反應，平衡自律神經系統，帶來精神放鬆、神智清明的感受，以及促進健康活力的生理狀態。」[14]

亞蒙博士也坦承，用肚子深呼吸是他做過最有幫助的練習：

我剛開始學著利用橫隔膜呼吸時，基礎呼吸率是每分鐘呼吸 24 次，而且主要還是用胸

口呼吸。因為我以前在軍隊待過 10 年，被要求挺胸、縮小腹（正好和理想的呼吸方式相反）。我很快就學會讓呼吸和緩下來的方法，以更有效的方式呼吸，減輕焦慮，整個人更鎮定。現在，我要跟難搞的人開會、上台演講以及在媒體上亮相之前，依舊會靠腹式呼吸法讓自己冷靜。此外，壓力很大時，我還藉由自我催眠幫助入眠，現在我的基礎呼吸率降為每分鐘呼吸不到 10 次。[15]

深呼吸幫了凱斯琳校長很大的忙。她因為接受過爵士歌手的訓練，熟悉腹式呼吸的技巧，不過她先前沒想過，碰上令人高度緊繃的事件時，也可以藉由腹式呼吸加上刻意放鬆肌肉的技巧（見「刻意休息小技巧」第二項）來消除壓力。凱斯琳實驗數週後，決定在一天之中安排固定的休息時間，養成深呼吸與放鬆練習的習慣。如果事先知道當天會碰上充滿負能量的場面，還會刻意多做幾次。

這套做法真的很微不足道，但是一旦掌握訣竅後，就能運用在各式高壓的情境，而且沒人會發現你在做什麼。我們可以刻意讓自己放鬆一分鐘、五分鐘或多久多

行。踏進別人的辦公室之前,光是做幾下深呼吸,就能鎮定邊緣系統,翻轉會面的結果。

　　腹式呼吸除了可以用在緊急時刻,也可以設定時間,一天提醒自己放鬆幾次,排解眾多小事累積起來的壓力,例如上班途中被超車,咖啡不小心灑在便條紙上,重要客戶要求延後見面時間。每一件小事都能讓我們的肩頸更緊繃,導致肌肉不必要地漸趨疲勞。就算不是運動員,如果在開始做下一件事之前,刻意讓自己休息一、兩分鐘,深呼吸一下,也能達到網球冠軍在得分之間獲得的復原效果。如果真的在打電話與開會之間挪不出**任何**時間,可以在講電話、走在走廊上,或是坐在會議室裡的時候,運用放鬆的技巧。不論行程有多瘋狂,依舊可以在一天之中隨時讓自己重開機。

✓ 刻意休息小技巧

1. 用肚子深呼吸需要我們很少用到的橫隔膜肌肉,不過可以利用下列幾個簡單步驟練習一下:

坐下：找個舒服的地方，腳板貼地。

集中注意力：手放在腹部，蓋住肚臍。

吐氣：大力吐氣放鬆，將空氣排出體外。

吸氣：吸氣時脹起肚子，讓肚皮擴張把肚子上的手向外推開。

重複以上動作：緩緩多做幾次吸氣、吐氣，所有的呼吸動作集中在肚子上，肩膀與胸口放鬆不動。

2. 深呼吸時，刻意放鬆肌肉。

放鬆肩膀：先做腹式深呼吸，連做幾次後，吐氣時放鬆肩膀。

一切交給地心引力：再次呼吸時，靠地心引力讓肩膀更放鬆一點。

專注在個別肌肉上：—— 關注身體從頭到腳每一個部位：脖子、手臂、腿……想像著要把緊張的感覺引導至地面，從腳趾排出。隨著每一次的呼吸，感受到深層的放鬆。

最後再次呼吸：再次吸氣、吐氣，留意放鬆的程度。重新專注在工作上時，也要保持相同的感覺。

3. 利用正向思考增強腹式呼吸與肌肉放鬆的效果，例如想著要感恩的事，或是深愛自己的人，增加副交感神經的活動，停止或扭轉打或逃的連鎖反應。[16] 正向的身心狀態可以讓呼吸與心臟變化同步，進入有效的「心律和諧」（heart rhythm coherence）模式 [17]，增進認知表現 [18]，增強免疫系統。[19] 深呼吸結合正向情緒的效果，可以改善荷爾蒙平衡（減少皮質醇，提加脫氫異雄固酮〔DHEA〕），減輕壓力、焦慮、疲憊與罪惡感。[20]

感官復原法

邦妮在德州一場演講大會上，第一次見到在哈佛醫學院教書的瓊恩・波利森科博士（Joan Borysenko）。瓊恩是綜合醫學的先驅，與赫伯・班森醫師（Herbert Benson）一同成立身心診所，著有《關照身體・修復心靈》（*Minding the Body, Mending the Mind*）等開創性著作。不過，邦妮最感興趣的是瓊恩的故事，以及她所展現的勇氣。

瓊恩成為哈佛癌細胞生物學博士後研究員候選人

時，父親被診斷出罹患第四期癌症。瓊恩含淚描述父親去世那一天，他不是死於癌症，而是在醫院跳樓自殺。重病纏身的痛苦，深深影響瓊恩父親的心理狀態，他最後選擇結束生命。父親過世的創傷，改變了瓊恩的職業道路，她開始研究行為醫學與心理神經免疫學。

我們開始研究微復原力時，邦妮打電話請瓊恩提供建議。瓊恩發表的研究，原本就與我們的五大架構提到的幾項主題有關，包括呼吸、正向情緒、整體復原力等，不過瓊恩還在電話上分享一則寶貴的新知：「某些氣味也能斷開情緒劫持，例如肉桂、香草與肉豆蔻。」[21]

邦妮問：「是因為那些氣味讓我們聯想到節日嗎？」

瓊恩表示應該倒過來講，其實是相關氣味可以減少邊緣系統的反應，讓人放鬆，因此才讓我們聯想到節日。

亞蒙博士在《一生都受用的大腦救命手冊》（*Change Your Brain, Change Your Life*）提到的概念，也呼應瓊恩的說法：「由於嗅覺直接連到深層的邊緣系統，我們很容易就能理解，為什麼氣味可以對情緒造成很大的影響。正確的氣味可以讓深層的邊緣系統冷靜下來。好聞的氣味可以避免一觸即發的情勢，讓身邊圍繞著鮮花、甜美香氣以及其他宜人的芬芳，就能以強大的正向方式影響大腦運作。」[22]

這段話讓我們想起，凱斯琳提過綠薄荷可以喚醒她的美好回憶，從前她和母親會用家裡後方林子生長的新鮮薄荷泡茶。我們建議她在辦公室也準備薄荷茶包，有需要時可以重現芬芳氣味。幾週後，凱斯琳告訴我們另一項新發現，有一款 O 形薄荷糖（Wint O Green Life Savers）聞起來和母親泡的茶一模一樣，同樣也能安撫她煩躁的情緒。這種糖果能夠發揮作用，大概是因為化學反應加上懷舊因素。情緒劫持源自大腦接收到的感官訊息符合遭受威脅時的回憶，原始警鈴因而啟動。反過來也一樣，如果導入的感官訊息能讓大腦想起**正向、安心**的回憶，則可以減緩驚慌反應。[23] 凱斯琳在辦公桌抽屜放了一包薄荷糖，血壓上升時可以隨時吃一顆。

　　聰明的凱斯琳還想出其他辦法，紓解緊張對話帶來的壓力：

　　　　我養成一個習慣，詢問家長要不要到校園餐廳喝點東西。我們散步過去，喝杯咖啡，接著再漫步回到我的辦公室。途中他們會見到校園內的美好風光，孩子開心跑跳，享受光陰，跟著感受到美麗校園散發的氛圍。效果十分驚人，好像我展現什麼奇蹟景象一樣。家長又驚

又喜，對話走向完全改變。

接著凱斯琳又講了一件事，我們沒想過可以那麼做：她將辦公室改頭換面，全面重新設定原始警鈴：

> 我的辦公室裡放著兩張硬邦邦的深色椅子，簡直是全世界最不舒服的椅子，光是坐在上頭就讓人感到人生悲慘。此外，我的牆上掛著一幅巨大的複製畫，描繪一個騎馬的人追殺一隻四處亂竄的可憐小狐狸。看到這幅畫的人會聯想到什麼？所以我重新裝飾牆壁，放上海灘夕陽照，又把折磨人的兩張古董椅換掉，改成舒服的沙發與兩張軟椅。此外，我還擺上漂亮的熱帶魚缸，那是畢業的高年級生離校時送的，我愛死了！光是聽見魚缸過濾器的流水聲，就讓我感到放鬆。魚缸裡有一隻瘋瘋癲癲的魚，會拾起珊瑚碎片，扔到玻璃上，整理自己的「家」。有時，辦公室裡對話劍拔弩張，魚缸卻傳來鏘鏘鏘的聲音，我還得努力克制，不讓自己笑出來！就算談話氣氛不是很好，身旁都是我喜愛的美麗事物，有家的感覺。如果

我請陌生人進自己家，不會讓那個人影響我的心情，我知道我可以隨時把那個人踢出去。我知道我人在辦公室，也知道自己的薪水是訪客付的（包括難搞的家長），然而辦公室的新面貌，真的讓我以新方法處理事情。

瓊恩博士解釋，某些聲音和氣味一樣，也能舒緩杏仁核的反應，這點可以解釋為什麼魚缸傳來的碰撞聲和流水聲可以安撫凱斯琳的情緒。我們替《優秀女性做表率》一書進行研究時，也親眼見識過聲音的威力。當時，我們參觀時尚界執行長愛蓮・費雪（Eileen Fisher）的家，看她如何主持資深主管的集體會議。在場的眾人圍成一個圓圈，會議開始時，愛蓮問其中一位女性：

　　「蘇珊，帶大家做一下默禱好嗎？」
　　蘇珊靜靜點了個頭，走向圓圈中央一張小桌子，桌上的絲綢枕頭上，擺著一個中式銅碗。她對每一個人微笑，拿起一根結實的短木棒，輕輕敲了一下碗。震動的聲響令人感到一陣深入骨髓的寧靜，我立刻慢下呼吸，精神放

鬆，融入四周，輕悄悄的氛圍傳到屋內每一個
角落。

雖然對多數公司環境來講，這項儀式有點太「新時
代」（new age），背後的科學機制可以說明為什麼這種
做法有效：安撫在場人士的壓力反應後，寧靜的氣氛可
以讓人忘記自己擔憂的事，安定被擾亂的邊緣系統，較
為進階的大腦功能可以發揮作用。這種不尋常的會議開
場方式，讓與會者更能齊心協力合作，避免悲觀心理，
打開心胸，找出具備新意的方法解決問題。

✓ 感官復原法小技巧

1. 實驗一下，找出最適合自己的氣味。薰衣草
   有效？還是尤加利有效？檸檬或杏仁？購買
   散發那個氣味的芳香蠟燭、室內噴霧或乾燥
   香料，放在辦公地點合適的位置。別忘了顧
   及其他人的感受，有些人會過敏，或是不喜
   歡過於濃烈的香味。
2. 讓舒緩精神的氣味隨手可得，例如：Tic Tac
   糖、口香糖、護手霜、花草茶。也有人在手

掌上滴精油，直接吸入香氣。

3. 整理一份能讓自己有好心情的音樂播放清單：
想起青春歲月的歌？柔和舒緩的樂器獨奏？
悅耳的音樂可以刺激前額葉皮質，讓激動的
狀態平靜下來。[24] 如果無法大聲播放音樂，可
以下載到智慧型手機或 MP3 播放器，心緒不
寧時用耳機聽。

4. 開各種大小會議時，先敲一下會發出共振的
鐘、播放輕快的音樂，或是其他適合公司文
化的事物。也可以一開始先講個笑話，讓大
家哄堂大笑，帶來「耳目一新」的效果。

權力姿勢法

哈佛商學院教授艾美‧柯蒂（Amy Cuddy），在《姿
勢決定你是誰》（*Presence*，這本書源自她的 TED 演講，
談論身體語言如何影響我們的「權力姿勢」〔power
poses〕，影片觀看人數超過 3,200 萬次），提供另一種快

TED 演講「姿勢決定你是誰」

速防止或減少劫持的技巧。柯蒂教授注意到，班上女學生的成績不如男學生，假設背後的原因是出自非語言行為占評分方式的比例很重：50％的分數來自課堂參與。柯蒂教授接著又好奇，非語言行為影響「內在自我」的程度，是否與「他人如何看待與對待我們」相當。她發現，如果我們**表現出**自信、強勢的樣子，的確就會**成為**自信又強勢的人。

眼鏡蛇、靈長類、孔雀等野生動物靠著展開的姿勢，表現出強勢的樣子。柯蒂教授依據此一觀察與同事一起研究，讓 42 名受試者擺出服從或是支配姿勢。呈現服從姿勢的人縮起身體，幾乎像一顆球一樣；擺出支配姿勢的人則大搖大擺，腳張開，手插腰。

研究人員發現，擺出權力姿勢的「支配組」睪固酮增加，皮質醇（與恐懼、壓力有關的荷爾蒙）減少。此外，這組人為了得到實驗尾聲的獎勵，也更勇於冒險。[25]

如果因為感受到威脅、壓力或無助而發生情緒劫持時，很簡單，擺出有力的姿勢就能解決問題。張開雙手，或是往前靠在桌子前方，都能讓我們感覺自己有架勢，不再那麼害怕。姿勢的變化會傳遞內部訊息，讓我們知道自己是掌控局勢的人，降低皮質醇等恐懼荷爾蒙的濃度。

1. 實驗一下各種肢體語言，最好可以照鏡子做。例如站著的時候雙腿張開，手插腰，或是深深躺進椅子，把腳跨到桌上，雙手扣在後腦，利用相關姿勢占據空間，伸展身體。接下來，試試看坐下來，手擺在大腿上，彎腰駝背，把頭低下，縮起身體。留意這兩種不同的姿勢帶來的感覺。

2. 預先知道自己即將踏入簡報、演講、大型會議等有壓力的情境時，關上辦公室的門，或是到其他別人看不到的地方，擺出權力姿勢。出現在眾人面前時，也要擺出練習時的姿勢。同事不尊重你，讓你感受到威脅，或是聽見客戶的壞消息心生恐懼時，努力保持大大方方的伸展姿勢，強化自己的力量與信心。各位可以參考柯蒂教授的 TED 演講，了解擺出權力姿勢的方法與使用時機。

避免無可挽回的人際關係傷害

　　情緒劫持是遠古時代的生存機制，當時大部分的威

脅需要靠體力而不是智力回應。然而，現今世界最不需要的就是蠻幹，運用腦力與良好的 EQ，才能有效解決現代問題；視野狹隘又衝動，無法成事。好消息是我們可以重設大腦，升級人類的作業系統，以面對眼前的挑戰。近期腦科學領域最振奮人心的發現，就是大腦的可塑性遠超過我們的想像。只要多加練習與留意，就能重新訓練自己變得更有效率，不把精神浪費在原始又過時的反應。

如果**不**重設原始警報，可能造成極大的傷害。當我們一時變臉，情緒失控，就是在冒險破壞與親友、老闆或客戶之間的關係，造成再也無法挽回的傷害。不過，要是很少把情緒表現出來，總是把沮喪、憤怒與恐懼往肚子裡吞，同樣也會出問題。壓抑情緒感覺比較實際又不會帶來衝突，然而一直累積負面感受，我們將無法拿出最好的表現，還會產生嚴重的健康問題，無法好好享受生活。情緒劫持愈常刺激驚慌警報，體內就會湧出愈多皮質醇、腎上腺素與其他壓力荷爾蒙。長期焦慮會干擾免疫系統，身體的其他基本功能，如休息與消化，也會受影響。不論是對別人發脾氣，或是壓抑自己的情緒，讓杏仁核毫無限制地運作，都將付出極大的代價。

完全沒有情緒劫持也不是好事。當我們走過不安全

的地帶、醒來時發現家中失火，或是在高速公路上避免撞上野鹿，此時的腎上腺反應相當關鍵。生活中有許多複雜情境，憤怒與恐懼等情緒，有時的確是相當必要的反應。不過，要是重設原始警報，就更能聽清楚我們的感覺試圖要傳達的訊息：

- 認清情緒，幫助自己搞清楚當下的感受，不被情緒牽著鼻子走。
- 刻意找機會放鬆，回歸原點，以免情緒爆發。
- 重啟感官可以幫助我們維持心態平靜。
- 權力姿勢可以協助你（真正的你）掌握局面，而不是感覺受到威脅、被逼到角落。

掌控好內在警報後，依舊可能在特定時刻、以特定方式憤怒。然而，此時我們感覺得到，自己是有選擇的，是經過思考才這麼做，而不是一切憑本能行事。古希臘哲學家亞里斯多德說過：「誰都會生氣……但要找對人、適可而止、在適當的時間、為了正確目的，並且用正確的方法生氣，這個則是一門大學問。」本章提到的方法，不是為了消除情緒，重點是表達情緒時別失控。

04

轉念

保持正向心態，讓思考轉向

樂觀是通往成就的信念；少了希望，什麼事都做不成。

—— 海倫・凱勒（Helen Keller）

從沛莉雅（Priya）下榻的豪華飯店看出去，就是阿姆斯特丹景色最優美的運河，然而她一點都感受不到「北方威尼斯」帶來的壯麗感受。出差一趟幾乎就是四個月以上，如此漂流不定又孤立的生活逐漸消磨掉她的精力。每天早上，沛莉雅吃完一模一樣的蛋白歐姆蛋配花草茶當早餐後，就馬上進辦公室開始工作一整天。每天就是工作，睡覺，工作，睡覺，過著跨國高階主管單調乏味的生活。

　　許多人要是面對這種高壓生活，早就被壓垮，不過任職於國際生物科技公司的沛莉雅適應得很好，年紀輕輕就步步高升。她要求自己和身邊的每一個人，個個都要表現傑出，到各國四處出差，並且長時間工作。沛莉雅嚴以待人，但律己更是嚴苛，於是大家都喊她奴隸頭子。

　　　別人說我講話太直接，不留情面，不懂得
　體諒他人。但是，不管怎麼說，公司歸我管
　理，我沒辦法整天陪笑臉，講好聽話。再說，
　我喜歡掌控一切，要是不能照著我的意思做，
　我就會抓狂又充滿負能量。我的個人生活與職
　業生涯都因此受影響。

沛莉雅擁有典型的 A 型人格，事業因此成功，然而健康也大受影響。壓力讓她開始掉髮，血壓攀高，醫生要她多注意身體，朋友也苦口婆心要她偶爾放鬆一點。

　　　可是我有很多事要做。一天之中，要是停下來休息就覺得很有罪惡感，像是浪費掉賺錢的時間。

　　沛莉雅的工作不是影響她的唯一因素，她分享私生活時，聲音開始哽咽：

　　　我來自十分傳統的文化，女人就該早早嫁人生子。我也想有自己的家，但我也想要有事業。36 歲還沒結婚讓我壓力很大，但是這股壓力又讓我更是沒辦法放鬆跟任何人約會。結婚的壓力讓我工作受影響，而工作上的壓力又侵蝕著我的私生活。

　　過去一年多來，沛莉雅努力改善領導風格，但是效果不彰。根據她收到的檢討報告顯示，過去 12 個月以來，她一點進展也沒有。她以左腦為重、實事求是的風

格，讓她欠缺同理心，無法融入社交情境。她解釋說：

> 我詢問接下海外專案的團隊同事，確認他們沒有壓力過大。我請他們到外頭喝咖啡，告訴他們要是工作到太晚，不要自己開車，可以利用接送服務。我要他們帶客戶到上好的餐廳用餐，自己順便好好享受一番。我還要他們告訴我哪裡可以改進，但是沒有人提供具體的答案。我試著讓大家知道我關心他們，並且請導師指導我該怎麼做，甚至還請了形象顧問。顧問說我講話的時候如果不要交叉雙臂，多微笑，看起來就會比較和藹可親。我覺得自己很努力了，卻被說一點進步也沒有，我很沮喪，不曉得該怎麼辦，好像做什麼都沒用。

沛莉雅每天都覺得很煩惱，心情煩悶，充滿負能量。不論她如何模仿其他樂觀向上、善解人意的主管，她嚴以律己也嚴以待人的態度，讓努力付諸流水。

更快、更高、更強

　　每個人都容易陷入負面思維，這不是我們的錯，人類的生理機制原本就設計成能夠快速回應威脅帶來的憂慮、憤怒或悲觀情緒。由於我們的史前老祖宗生活在生死一瞬間的環境，演化讓人類激烈面對負面刺激，就算只是潛在的威脅也一樣。[1] 相反地，正向刺激則不會讓早期人類耗費相同的大量精力，因此我們面對生活中的好事時，回應不僅緩慢、也有點懶洋洋，不像碰上壞事時那樣大驚小怪。[2]

　　為了生存，我們演化成對負面事物的反應大過正向事物，這可以解釋為什麼我們碰上負面情境時，很容易陷入懷疑、恐懼與憤怒。我們的蜥蜴腦依舊以為自己生存在危險、暴力、短命的年代，壓根不曉得世界已經變了。

　　如果要保持正向心態，看見可能性，依照價值觀行事而非順從衝動，就得訓練讓自己的反應不同於老祖先。我們得減緩陷入負面情緒的行動，放大正向心態，運用大腦比較晚近才演化出來的部分。奧運比賽的格言是：「更快、更高、更強」（Citius, Altius, Fortius），我們也一樣，面對人生時必須拿出更快、更高、更強的正向反應。

正向心態的好處

　　許多領域的研究都提到正向樂觀的心態與賺錢的能力、更理想的健康狀態、長壽,以及圓滿的人際關係有關。心理學家馬丁‧塞利曼(Martin Seligman)有600多篇相關主題的研究,其中一篇指出,樂觀壽險員的業績,比悲觀的同業多了88%。[3] 傳統心理學著重病理學方面的研究,不過自認是悲觀主義者的塞利曼卻開創正向心理學的研究。《快樂是一種習慣》(*Happiness Is a Habit*)作者蜜雪兒‧菲利浦(Michele Phillips)用一句話總結相關研究:「悲觀者或許說中事情的機率比較高,但樂觀者比較成功。」[4]

　　進行正向思考的時候,視覺注意力會擴張,刺激免疫系統,做事更精確。[5] 實驗也顯示,增加正向情緒可以促進與他人之間的親密感,改善信任關係,帶來跨種族間的和諧相處[6],工作表現也連帶改善。正向心態可以促進創意發想[7],讓我們願意接受新體驗[8],並以良好的態度面對批評。[9] 樂觀態度還能降低傳統 A 型工作狂人格帶來的健康危機。[10]

　　我們可能覺得奇妙,一時的「良好感覺」,居然可以改變整個人生的走向。北卡羅來納大學教堂山分校(University of North Carolina at Chapel Hill)心理學家

芭芭拉‧佛列德里克森博士（Barbara Fredrickson）提出的「正向情緒擴展與建構理論」（broaden-and-build theory）指出，雖然正面的情緒只能暫時拓展我們思考與行動時的視野，我們將因此培養出持久的精神。短暫的正向情緒如果經常出現，就能建立起有效的人際關係與互動網絡。同理，工作上的開放態度與創意思想，可以輔助我們培養出獨特的技能發展與知識。「正向情緒可以拓展我們的心態，一點一滴改變我們。」[11]

佛列德里克森接著又透過嚴謹的實驗，證實我們有辦法靠著選擇思考方式，以及養成抱持正向心態的習慣，增加更多日常的正向情緒。先前的研究假設，重複出現的外在刺激，才有辦法增加受試者的正向感受。佛列德里克森突破性的發現則證實，我們可以自行產生持久顯著的改善。[12]

正向組織行為的研究是另一門專業領域，除了關注個人，還進一步量化正向心態對公司與團隊的影響。領導者若能培養出正向的公司氣氛、人際與溝通關係，將可帶來遠超出預期的成效。[13] 愈來愈多的職場環境研究顯示，正向與樂觀的態度可以促進員工的向心力與表現，降低離職率。[14]

轉換心態的方法

　　培養正向心態就能解決問題，聽起來過度簡單又超乎現實。但是，別被這種想法綁住了，正向思考要花很多力氣才能辦到，不過也能帶來大量好處。接下來提供的方法是依據眾多研究結果，證實正向心態的確能在真實世界發揮實際效用。

準備「快樂箱」急救情緒創傷

　　各位可以回想一下，一般的急救箱都是白色塑膠盒或金屬鐵盒，大小和午餐盒差不多，前面印著紅十字的圖樣。我們之所以在家中擺急救箱，是因為總會有人不小心割傷或燙傷，需要處理傷口。「快樂箱」（Joy Kit）的概念就是源自急救箱：不管我們多努力維持正向心態，也總有被燙傷、割傷、刺傷的時候。既然如此，為什麼不為了開心的情緒準備一個急救箱？客戶小題大做，截止日迫在眉睫，同事拖拖拉拉害我們無法完成工作的時候，就拿出一定能讓自己開心起來的百寶箱。

　　沛莉雅分享運用快樂箱能帶來多大的效果：

　　　　我在電腦裡放了一個命名為「快樂」的資

料夾，裡面存放感謝函、姪子寄來的電子郵件，以及親朋好友甚至是同事寫的卡片。每當我打開資料夾，就算只是看個一、兩分鐘，心境就會轉變。我甚至在 iPhone 上也準備了一個虛擬的快樂箱。等計程車或是被困在機場時，看一看喚醒美好回憶的照片，以及充滿正能量的簡訊。

沛莉雅參加我們六週的課程，運用各式微復原力策略後，生活開始出現極大轉變：

> 朋友說我不再那麼咄咄逼人，心胸更開放，態度更正向。而且，好幾個人都這樣講。還有……我終於開始跟人交往了！

沛莉雅願意透露心底話讓我們很感動。雖然沛莉雅還是沛莉雅，沒有滔滔不絕透露新戀情，她顯然很開心人生有了新進展。她開始正向思考之後，與親朋好友、客戶、同事之間的關係都大幅改善。先前，她很努力試圖讓團隊**感覺**她變得和善、正向，但一切都比不上她真的變了一個人有用。我們沒料到微復原力還有讓人談戀

愛的功效，不過真是太好了！

　　可以喚醒正面心態的東西每個人都不一樣，所以快樂箱必須完全自己量身打造。邦妮的快樂箱是一個迷你版的紅色帆布托特包，裡頭裝著巧克力、女兒嬰兒時期的照片，以及已過世的母親字跡娟秀的字條：「珍惜自己」。亞倫有一個袋子裝滿小女兒給的親親抱抱券、划船與登山滑雪的照片，以及大女兒小時候畫給他的畫作。我們看過有人的快樂箱是瓶子，裡面裝著到阿魯巴（Aruba）與阿卡普爾科（Acapulco）度假時帶回來的沙。也有人存放寵物狗的叫聲，或孩子開心大笑的數位音檔。當你感到世界上沒人懂得你的付出時，以前收過的謝卡可以派上用場。花個幾分鐘，想一想什麼東西能主導情緒，讓自己從「人生是黑白的」轉而覺得「人生是彩色的」。

✓ **準備快樂箱的小技巧**

　　1. 找出能讓自己開心的東西，例如：照片、旅遊紀念品、小禮物、音樂、詩句、感謝函或其他東西等。

2. 把這些讓你開心的物品放進方便拿取的袋子或桌上的盒子。心情低落時，拿出裡頭的東西看一看。平日直接擺在桌上天天看的東西，例如家人的照片，效果可能不如偶爾才拿出來提振精神的物品。

3. 製作數位版的快樂箱，在電腦、平板或手機資料夾裡存放能讓心情好起來的文章、歌曲或照片。沛莉雅不管走到哪，iPhone 裡的快樂箱都跟著她。

4. 請同事或家人在你心情不好時，用開心箱裡的物品給你一個驚喜。別人很可能搶在我們之前，知道我們需要振奮一下精神。

5. 如果你很了解某個人，可以做一個「拋磚引玉版」的快樂箱送給對方當禮物。裡面裝他們喜愛的食物，或是有共同回憶的照片。也可以放進禮券、留下幾句話，讓對方放進對他們來說有意義的物品。

運用 ABCDE 轉念法，從不同觀點看事情

「ABCDE 轉念法」（ABCDE reframe）是認知行為治療的關鍵架構，奠基於理性情緒行為療法，1950 年代

由心理學家阿爾伯特・艾利斯（Albert Ellis）率先提出。[15] 簡單來講，「壞事」或「導火線」（adversity ／ activating event，縮寫為 A），並未直接導致我們經歷的「結果」（consequence，縮寫為 C），但通常我們會感覺好像是那麼一回事。

真正的犯人其實是介於 A 與 C 之間的 B，也就是「心理的想法」（belief，縮寫為 B）。我們看待壞事或觸發事件的方式會影響結果，因此，改變想法就能改變結果。

這套方法中的 D 是指「反駁現在的想法」（dispute，縮寫為 D）信念，或是和自己爭論，改變觀點。E 則是指用行動「加強新的看法」（energize，縮寫為 E），最終帶來理想的結果。「ABCDE 轉念法」聽起來相當簡單，然而改變看法其實相當困難。就算會導致不良的結果，我們依舊習慣緊抓著原本的想法不放。

辛西亞的故事

辛西亞（Cynthia）精神抖擻走出臥室，踏上走廊，準備迎接美好的一天。早上起床後，她先花幾分鐘做冥想與瑜伽伸展，接著選了一套乳白色套裝，搭配最愛的那條水藍帶金色的圍巾，襯托她綠色的眼珠。就連平日很有個性的典型非裔美國人捲髮，今天都特別聽話。辛

西亞身為洛杉磯頂尖不動產經紀人，沉著又有自信，想到又可以幫助各式各樣的人、情侶和家庭找到好房子，臉上自然露出微笑。

辛西亞下樓走進廚房時停下腳步，感覺像是突然被打了一耳光。洗水槽裡塞滿鍋碗瓢盆，一旁還掛著黏糊糊的義大利麵條。骯髒的碗盤、刀叉和玻璃杯被亂扔在檯子上，到處黏著紅色醬汁。辛西亞動彈不得，她很確定要是往前走，身上的漂亮套裝，一定會不小心沾上亮紅色的恐怖污漬，永遠洗不掉。

辛西亞怒火中燒。昨晚上床睡覺前，廚房明明整理得乾乾淨淨。很顯然，最近剛搬回家的 24 歲女兒麥迪遜（Madison）半夜臨時決定煮義大利麵當晚餐，才留下這一堆杯盤狼藉。

辛西亞感到傷心又憤怒。她每天早上的例行公事就是打包一份健康食物，準備在路上吃；她就是靠著這個習慣，才能到了 45 歲還把身材保持得很好。但是，這下子她無法靠近自己的冰箱拿取需要的食物。那個死孩子除了自己，到底有沒有考慮過別人？

辛西亞用力從皮包裡抓出手機，惡狠狠打了一封簡訊給還在樓上呼呼大睡的「大孩子」：妳把髒盤子都留在流理臺裡了！！

辛西亞按下傳送鍵之前，制止自己，心想：「我又來了。」自從麥迪遜法學院畢業後搬回家待業，母女之間的關係就很緊繃。辛西亞不想再當成天碎碎念的抓狂媽媽，麥迪遜也不想被當成不懂事的小孩，前兩個月她們都很不好受。

　　辛西亞踏進廚房時碰上的情緒劫持，正是這個情境裡的主要問題。然而，她深呼吸過後，決定不傳簡訊罵女兒，因為她碰上的其實是另一個更嚴重而且持續惡化的問題：母女關係每況愈下。

　　辛西亞利用「ＡＢＣＤＥ轉念法」，趁母女關係還沒僵化到永遠無法挽回之前，重新看待兩人之間的關係。找出導火線「Ａ」很簡單，起因顯然是一堆髒碗盤。辛西亞利用新學到的轉念概念提醒自己：「『Ｂ』是我如何看待這個情境。我認為女兒不尊重我和我的房子，我應該把她從床上挖起來，要她整理廚房那堆亂七八糟的東西。**她要是不肯清，就給我試試看。**我不能讓她這樣下去，我身為媽媽，有義務教好她，要不然後果得由我承擔。」辛西亞說出心聲後，感到舒服多了，然而究竟該怎麼做，才能改變現況？

　　「Ｃ」是想法帶來的結果，也就是母女關係目前的狀態。辛西亞看了看眼前的景象，心想：「我和女兒之間

的爭執，讓我理智斷線，毀掉親情，而且絕對無法讓我在今天談成房地產生意。」

辛西亞知道，如果繼續進行下一個步驟「D」，反駁自己的想法，就有機會改善母女互動，但這是最困難的部分。辛西亞覺得做錯事的人是麥迪遜，這不像個人看法，比較像事實。

辛西亞逼自己從女兒的角度看世界。麥迪遜辛辛苦苦完成大學學業，還以優異的成績從法學院畢業，然而景氣不好，律師供過於求，打亂麥迪遜精心規畫的未來。她的同學畢業後大多還沒找到工作。暑假實習的那間公司也早就告訴所有實習生未來不會提供正職職缺。麥迪遜裝出勇敢的樣子搬回家，一天花十小時寄履歷、託人介紹工作，想盡辦法找到出路，然而目前為止只有一次面試機會。

辛西亞開始從另一個角度看事情：

> 好吧，她在目前這個人生階段的確還蠻自我中心，我實在不喜歡，但是也許成功的律師就需要這種一心一意的特質。她不懶惰，也沒吸毒或陷入低潮。我必須理解，她的行為不是衝著我來，如果我認定她是在針對我，就會陷

入太多負面情緒。我們應該表現得像是負責任的室友，我希望她也能負起責任。如果我每天一直挑剔她的錯誤，她就沒辦法好好獨當一面。

辛西亞接著進入步驟E，並依據新的看法付諸行動。

　　與其一直當訓導主任，不如看待她拼命的一面。我可以退一步和她展開成熟的對話，說明我每天需要的東西，例如早上有美好乾淨的廚房可以用。

辛西亞整理了一下想法，寫下簡短的筆記：

A　**導火線**：亂七八糟的廚房
B　**心理的想法**：不尊重
C　**結果**：關係緊張，感情破裂
D　**反駁現在的想法**：女兒不是針對我而來
E　**以行動加強新的看法**：就算女兒的行為不像成年人，也要把她當大人看待。

辛西亞剛寫好摘要，麥迪遜正好下樓，她大聲說：

「媽，早安！抱歉廚房弄得很亂，我昨天在圖書館一直待到關門，很晚才回來，又餓又累。我保證今天早上出門前，一定會整理乾淨。」

辛西亞突然間覺得整個人輕鬆起來，不再緊張焦慮。

職場上，最常需要運用「ABCDE轉念法」的時刻，就是突然遇到難搞的人。法裔加拿大人卡洛琳（Caroline）是電信公司的業務人員，她很討厭和資深主管鮑伯（Bob）一起工作。她覺得這個來自德州奧斯汀（Austin）的男人有性別歧視，可是她的升遷之路又掌握在對方手上。卡洛琳覺得自己的業績向來不錯，然而鮑伯不屑她的專業風格與哲學。她實在很討厭他，覺得兩人之間的工作關係根本不可能改善：

> 我覺得自己完全卡住……這種感覺好煩人。他根本不尊重我，氣死人了！

我們教卡洛琳走一遍ABCDE步驟。鮑伯顯然是卡洛琳生活中碰上的「壞事」（A），她「心理的想法」（B）是鮑伯不尊重她的專業表現，將帶來不好的「結果」（C），也就是升遷無望。

卡洛琳花了不少時間，才得以「反駁自己根深蒂固

的想法」（D）。我們把重點擺在她深信自己與鮑伯之間的關係無法改善，並建議她不要純粹從專業角度看這件事，改採非正式的私人觀點。雖然他們的專業風格不同，卡洛琳知道，鮑伯下班後的興趣是觀看家鄉奧斯汀的爵士音樂表演，如果能從這一點切入，找到兩人的共通點，應該蠻有趣的。卡洛琳不再把鮑伯視為怪獸，而是跟大家一樣，都是有缺點的凡人。因此，她暫時不再忿忿不平，開始反駁過去的看法。會不會鮑伯其實願意協助她，只是大男人的風格阻礙雙方交流的管道？

卡洛琳必須採取行動，才能「加強新的看法」（E）。兩人下次碰面時，她提起奧斯汀音樂，給鮑伯機會滔滔不絕講起自己有多愛薩克斯風。接下來，卡洛琳又找機會去奧斯汀出差，請鮑伯和太太到提供現場音樂表演的餐廳吃飯。

> 我見到鮑伯的太太，也和鮑伯一起討論音樂，不談公事。我見到鮑伯完全不同的一面，看見一個丈夫、父親與爵士迷，甚至一起享受時光！我嚇了一跳，我們的工作關係確實改善許多。

✓ ABCDE 轉念法的小技巧

1. 運用「ABCDE 轉念法」之前,先刻意放輕鬆,練習重設原始警報。當下的情境觸發你的強烈感受,所以你得先減弱負面情緒的強度,才有辦法調整態度。

2. 大部份的人會卡在步驟 D:反駁。如果卡關,可以找人一起討論,協助你找到看待事情的新方法。你可能得跟好幾個人多聊聊,才有辦法真正換成正向的想法。

3. 對自己和整個過程要有耐心。不論是了解自己的感受,或是區分「想法」與「事實」,以及了解前因後果,都需要時間。

4. 你必須真心想改變觀點,「ABCDE 法轉念」才會有效。唯有受不了目前的狀況與生活受到的影響,你才會願意不再堅持己見,就算這些想法的確有道理。

5. 你可以**協助**他人走過這個流程,但無法**強迫**他人改變。你身邊的人或許的確需要改變態度,然而他們必須真心向你求助,否則不會有進展。

翻牌法：把障礙倒過來想

「翻牌法」（Reversi reframe）可以讓我們的態度快速從負面轉為正向，團隊一起玩也很有趣。

我們工作坊的做法是發配空白卡片給學員，請他們在卡片其中一面寫下自己碰上的困境或難關，例如有人寫：「我想進修，但沒錢也沒時間。」

接下來，我們請大家把卡片**翻面**，寫下相反的事……就算不相信是真的也沒關係，例如：「我**有**錢也**有**時間進修」。下一個步驟是和同桌的人討論卡片的正反兩面，新的觀點、想法或構想可能就此冒出來，而且通常的確會發生這種奇蹟。

這個方法的神奇之處在於，你讓他人得以提供正能量與正向的點子。如果你告訴一群朋友：「我沒錢也沒時間回學校上課」，他們大概會表達同情，接著話題就轉向他們自己有多窮又有多忙。然而，如果你告訴大家：「我想要有錢也有時間拿學位」，他們更可能提供正向且創意十足的建議，例如網路大學，或是其他朋友達成這個目標的故事。當你抱怨，整個世界就跟著你抱怨；請大家跟著你一起腦力激盪，得出正向的答案，不是比較好嗎？

翻牌法也可以自己進行。我們有一次在電台節目上

介紹這個小小的練習遊戲，後來收到一封來自聽眾的感人電子郵件：

> 我聽到你們介紹翻牌法，所以就在卡片上寫下正式離婚後，自己就會失去房子，接著翻面寫下：「離婚後我還能保住房子。」一開始，留住房子對我來說就像是天方夜譚，然而我反覆誦讀那句話的時候，突然想起媽媽年紀大了，沒辦法一個人住。我知道她不想去安養院，但是對於自身處境一天比一天憂心。最後，我們達成協議，她搬過來跟我一起住，用賣房子的錢幫我保住我心愛的房子。感謝翻牌法！

翻牌法聽起來太簡單了，不過我們見過很多例子，只要小小調整幾個字，大腦就會自動轉彎，開始看見先前看不見的選項。我們太常把困境或難關看成事實，感到無計可施。翻牌法則讓我們暫時從相反的角度看待事情，不去思考可能性，就能給自己成功突破的機會。

曾經有一位財星百大企業的部門主管在參加我們的工作坊課程時寫下：「董事會不肯通過我的追加預算

案，我無法執行計畫中的部門創新改變。」

接著他把卡片翻面，寫上：「就算預算沒增加，我也有辦法在部門裡進行創新改變。」這個練習讓他想到，他可以檢視舊的預算計畫，砍掉某些先前不曾被質疑的傳統項目，把省下來的錢，拿來執行新的部門創意計畫。突然間，他的思考不再打結！

我們碰過最有趣的例子來自某位剛離婚的女性，她請大家幫忙思考卡片背面應該寫什麼，此時，正面已經寫上：「SOB X」。

大家想了想，發現「SOB X」是哪幾個字的縮寫後，開始偷笑。（編注：SOB 是 son of a bitch〔混蛋〕的縮寫）。

> 前夫讓我的生活變得一團糟，他從來不準時支付孩子的撫養費，還總是讓他們失望。我要如何改變這種狀況？復合？還是該離這種人遠一點？

我們很喜歡和團體分享這個例子，問大家有什麼好意見。有人說應該寫：「愛你的 X」，也有人說：「原諒你的 X」，不過幾乎沒有人回答出我們當時建議的答案：當事人應該在卡片背面寫下自己的名字。因為，把前夫

當成所有問題的來源，讓她變成無能為力的人，但她的生活其實該由自己掌控，而不是前夫。幾乎所有的翻牌結論都指向同一個原則：問題的解決關鍵在你手上，不在別人手上。

費里滋（Fritz）是美國中西部某大型跨國化學公司資深主管，他也鼓勵團隊利用翻牌法來解決工作與私生活裡的挑戰。這個方法實在太有效，於是他們每星期開會時都靠這個練習凝聚團隊向心力。每次會議開始的時候，都有人自願分享一個障礙或困境（在家裡或工作上碰到的問題），接著每個人花五分鐘腦力激盪出扭轉情勢的方法。團隊裡每一個人都幫忙想法子，踴躍提出解決之道。

✔ 翻牌法小技巧

1. 從你碰上的困境或麻煩開始。把問題寫在 3×5 的空白卡片上，接著在卡片背面寫上相反的事（不論是否相信會成真），讓這句話刺激你思考。如果這是真的會如何？
2. 找人幫忙。困住我們的負面思考有時過於根

深蒂固，需要別人幫忙點出不同的可能性。

3. 把翻牌法變成習慣。如同白皇后這麼告訴愛麗絲：「我敢說妳只是練習得不夠多。為什麼？因為我有時還沒吃早餐，就已經相信六件不可能的事。」

4. 秉持微復原力的精神，一天之中有必要時，快速運用翻牌法。例如，邦妮有時會抗拒演講，內心有聲音對她說：「我還沒準備好，不想上台面對難以取悅的聽眾。」此時，她會在後台立刻告訴自己相反的論述，例如：「我等不及要上台！」這句話會立刻產生效果。翻轉一下腦中的話，把情緒推往新的方向。

用 PPP → CCC 法，把悲觀變樂觀

我們可能自認樂觀，或是喜歡把自己想成樂觀的人，然而小小的悲觀野草，有時會偷偷潛入人生，長成一大片。

各位可以做做看以下測驗，了解自己樂觀或悲觀的程度。

1. 你請人到家裡吃晚餐，結果料理煮得一團糟。你覺得：

Ａ）我不會煮飯

Ｂ）我挑錯食譜了

2. 你贏得一場體育競賽，第一個念頭是：

Ａ）我真厲害

Ｂ）這是因為我接受良好訓練

3. 你考砸一場重要考試，內心的反應是：

Ａ）我準備得不夠充分

Ｂ）我不像其他考生那麼聰明

4. 公司通訊電子報大力稱讚你，你覺得：

Ａ）不管是誰都可以得到這樣的讚美

Ｂ）我為自己的成就感到自豪

5. 一直找不到工作，你的反應是：

Ａ）全國景氣都很差

Ｂ）我的人脈還不夠

　　心理學家塞利曼觀察悲觀者，發現他們認為發生在身上的衰事「永遠都會那樣」（permanent）、「到哪都一

樣」（prevalent）、「是我個人的問題」（personal）。例如，回答剛才第一、三、五道問題時，會覺得自己「不會煮飯」、「不夠聰明」、「景氣到處都不好」。沒辦法，比起別人我就是處於劣勢。從這個角度來看，即使想辦法改善也將徒勞無功，所以塞利曼常稱悲觀主義是「習得的無助感」（learned helplessness）。

樂觀者則不一樣，他們會選「我挑錯食譜了」「我準備得不夠充分」「我的人脈還不夠」，並且認為負面情境有辦法改變，不是人本身有問題。

好事發生時，例如第二、四道問題，樂觀主義者比悲觀主義者更容易這樣想：「我真厲害」「我為自己的成就感到自豪」。悲觀主義者則認為成功與自己無關，只不過是一時走運。

壞事發生時，樂觀主義者會說：「這只是一時的。」悲觀主義者也會說同一句話，但卻是發生好事時才這麼說。

各位要是發現自己碰上負面情境時，心中覺得「都是我有問題」「不管到哪都一樣」「永遠都這樣」，就自問下列問題，跳脫當下的心態：

- 現在要解決什麼「挑戰」（challenge）？
- 我有哪些「選擇」（choice）？

■ 我「努力」（committed）的目標是什麼？

　　採取「ABCDE 轉念法」或「翻牌法」讓自己轉念時，從想著「PPP」改成想「CCC」，也能助你一臂之力。把注意力放在難關帶來的**挑戰**或自己擁有的**選擇**時，可以帶來正能量，反之，如果覺得受困、無助、憤怒則於事無補。當你問：「我真心想努力完成什麼？」的時候，注意力會落在理想的結果與個人價值觀。我們常常必須做出選擇，看是要得過且過，還是要擁有真心渴望的事業或個人生活。

✓ PPP → CCC 法小技巧

1. 記錄一天之中發生在自己身上的好事與壞事，寫下你如何向自己與別人解釋那些事。你是否覺得好事只是一時僥倖，壞事則是自己的問題？或者是反過來？

2. 找一位在工作場合或私生活結交的朋友幫忙，留意彼此是否使用 PPP 的用詞。就算是平日樂觀的人，碰到特定議題或情境時，依舊可能冒出 PPP 的用詞。平日有突發狀況，

或是聽見不好的消息，PPP 的觀點也可能突然現身。我們可能在不自覺的時間或地點冒出 PPP 的思考。有人幫忙留意的話，就能讓思考轉向。

3. 養成 CCC 的思考習慣。把 CCC 問題貼在早上喝咖啡的馬克杯上，或是每天早上都會看到的地方：浴室鏡子、車子裡、電腦上。每天早上提醒自己是為了什麼而努力、有哪些選擇，以及手上有哪些具有挑戰性但解決後會很開心的問題。

每天轉念，改善日常心態

本章提到的轉念技巧，都是為了因應負面情境。「開心箱」提供情緒急救，「ABCDE 轉念法」讓我們反駁自己的負面想法，「翻牌法」翻轉障礙，「PPP → CCC 法」把悲觀變樂觀。不過，即使是生活順遂的時候，還是可以採取一些預防措施，不讓負面心態不小心跑出來。每天都努力正向思考，就跟上健身房鍛鍊肌肉一樣，可以改善自己看待事情的方法，創造出「新常態」。每天刻意讓自己專注於正向的思考，將大幅改善神經、

循環與免疫系統。鍛鍊出正向「肌肉」後，創意、接受意見與團隊合作的能力都會增強。[16]

美國參議員陸天娜（Kirsten Gillibrand）提過一套每天都會運用的轉念法，我們實在非常喜歡。我們問她如何應付國會的種種挑戰，例如民眾的抱怨，還有萬年都過不了、令人沮喪的立法過程，以及媒體整日炮轟，政壇上的暗箭傷人，更別提選民碰到的重大問題，例如貧窮、天災、缺乏健康照護資源等。

> 我們靠「感恩」度過一切。我最得力的助理和我在一天之中、會議與會議之間，隨時抓住機會感恩。我們會在飛機上、座車內，有時甚至在女廁裡，找一個安靜的地方，聊一聊我們感謝的事。很神奇的是，如果沒有這個儀式，我無法撐一整天。

不管情況有多糟，小小刻意轉換心態，就能大幅改善解決問題的能力。我們的朋友傑（Jay）是成功的好萊塢編劇，他背下自己喜歡的勵志名言，例如德蕾莎修女（Mother Teresa）或麥特‧戴蒙（Matt Damon）講過的話，每天早上開車、散步或坐在星巴克時對自己講

一遍。有時他是在內心默默說，有時則大聲朗誦。有一次，我們在墨西哥一邊看著太陽從莊嚴的山頂升起，一邊和他一起做這個儀式。那個神奇的一刻，真的讓我們充滿能量，而且他每天都是這樣做！傑和陸天娜議員，一個人是早上做，另一個是在一天之中隨時增強正向思考，不限早晚，但同樣都是採取預防性的做法。他們沒有等到發生壞事才想辦法正向思考，而是隨時鍛鍊內在的正向力量肌肉，就算日子很順遂也一樣。

✓ 每天轉念小技巧

1. 每天早上下床前，列出三件感激的事。試著至少在一個月內讓名單不重複。

2. 在一天的尾聲，寫三封信給今天對你展現善意的人，告訴他們你有多感激。

3. 安排自己每天觀察三種平日視而不見的自然現象，例如：日出、日落、晚間天空的星星或行星，以及海浪拍打岸邊的景象。把這些現象當成不需努力就能得到的禮物，以感恩之心接受它們。

4. 可以更進一步，嘗試佛教的慈悲冥想。佛列

德里克森博士進行突破性的正向研究時，就是採取這個方法。不論是否信仰宗教、信仰什麼宗教，都可以做冥想。坐在一個舒服、安靜的地方，平靜地做幾次腹式呼吸（見第三章），集中意念，專注在身體與呼吸上，把祥和寧靜的念頭當成禮物送給自己。舉例來說，可以想像自己沐浴在溫暖的金色光暈之中，接著再依據下列順序，把慈悲的念頭向外傳送給其他人：

- 你尊敬、景仰的人：你的模範、老師、精神領袖
- 你愛的人：親朋好友
- 抱持中立態度往來的人：交情普通、見過面但不熟的人
- 你極度討厭的人：仇人、對手或是死敵

感受你與這些人的連結，傳遞正向訊息給他們，例如：「祝你健康」「祝你幸福」「祝你找到寧靜」。你會發現不論以前犯過什麼過錯，傳遞正向想法給他人，可以幫助你接受自己。

注重現實也得樂觀

　　我們有時的確有理由感到生氣、難過，或是必須面對其他負面情緒；允許自己和周圍的人表達各式情緒，可以促進身心健康。過度當爛好人，將導致我們忽略必須處理的各種重要現實，職場上尤其如此。關鍵是要顧及現實，但也得樂觀。不過，前文提到的多數研究都指出這樣做不容易，因為這不符合我們天生的直覺。

　　究竟怎樣才叫夠現實也夠樂觀？想一想小熊維尼作者米恩（A. A. Milne）筆下的可愛角色跳跳虎（Tigger）與驢子屹耳（Eeyore）。這兩隻性格南轅北轍的動物，讓我們看到盲目樂觀與一律悲觀都不好，我們在現實世界可以他們為鑑，找到平衡。跳跳虎想到什麼就跑去做，老是陷入麻煩；屹耳則是習慣說出悲觀的言論，弄得百畝森林（Hundred Acre Wood）每一個人心情都不好。

　　大腦的演化設定讓我們容易變成屹耳，也很容易變成衝動的跳跳虎。此外，外在環境的影響，也讓我們不容易保持正向心態。除了內在生理機制讓我們容易朝壞的方面想，媒體、唯恐天下不亂的政客，以及職場上、家中愁眉苦臉的屹耳，也不斷告訴我們各種負面故事。

如果要平衡我們心中悲觀的驢子與蹦蹦跳跳的橘色老虎，就得同時對抗先天與後天的因素，問自己：「我做這個決定時，是否太『屹耳』了？」「我的態度能不能再『跳跳虎』一點？」如果答案是 YES，或許是時候運用本章提到的小技巧，結果會讓你嚇一跳。選擇當個正向的人，日積月累之後，生活每一個面向都會出現明顯變化。

　　跳跳虎，做自己

　　跳一跳，更快樂！

05

恢復活力

幫身體充電，再次面對挑戰

保持身體健康是一種責任。
身體好，智慧之燈才能好好燃燒，讓頭腦聰明清醒。
—— 佛陀

你要是在字典上查「男人中的男人」（man's man），可能會看到史坦（Stan）的照片。史坦是維吉尼亞州製造工廠的區域主管，不時得和底下的年輕人搏感情，有時玩撞球（順便替大家付啤酒錢），有時會在獵鹿季一起打獵。

史坦一下子就興致勃勃接受微復原力的概念，也覺得背後的科學聽起來有道理。他手下的工會男孩（與女孩）努力替工廠工作，他願意盡全力改善他們的生活。多數人想到製造業，會想起油膩膩的工作服，吵死人的機器，髒兮兮的外觀。不過，史坦的塑膠工廠完全不同，產品從醫療注射裝置到手機殼等應有盡有。工廠內就是一個製造產品的巨大空間，看起來和醫院手術室一樣一塵不染。

不過，史坦向團隊介紹微復原力之前，想自己先試一試。因為他從不浪費員工的寶貴時間，不會叫員工嘗試連他都沒試過的新概念。史坦測試的第一個微復原力是「幫身體充電」，尤其是補充水分這件事。他表示：

> 目前為止，大約有兩個月時間，我沒像以前一樣喝汽水，補充水分的時候也只喝白開水……當然，早上還是會喝咖啡。我發現的第

一件事，就是下午再也不必喝提神飲料。以前到了下午一點，我就會喝一罐激浪（Mountain Dew）或其他可以提神的汽水，好讓自己撐下去，現在不用了。全天隨時補充水分，勝過下午的時候攝取咖啡因或糖分。

我知道喝水真的有差，因為週末或休假時，我就不會和工作日一樣隨時喝水，於是到了晚間整個人不太舒服。我現在每天隨時補充水分，就好像上癮了一樣，喝水讓我舒暢。

工作帶給我很大的壓力。工廠只要一停工，就是在燒錢。我們平日會碰上工會談判、員工出意外……客戶死催活催，急著拿到貨，還要求零出錯率。我的工作是不讓任何人跳腳，不管是卸貨工人、程式設計師還是設計師。

補充水分讓我同時精神好又放鬆。我不曉得怎麼解釋，我的身體……這說來好笑，水分充足時，感覺到身體軟軟的，不是果凍那種軟，就是很放鬆，不會頭痛，肩膀不會僵硬，也不會胃痛，精力充沛，比較能把事情想清楚。我現在依舊整天在工廠跑來跑去，卻不像過去那樣疲憊。

史坦大力讚揚補充水分對日常生活帶來的正面效果，不過還有另一個方法也能幫身體充電：維持最佳血糖濃度。水和葡萄糖平衡了，新陳代謝也會平衡，能夠協助其他所有微復原力的架構。

促進大腦運轉，喝水就好

一天究竟該喝多少水，才能維持整體健康與**巨復原力**，這個問題很難回答。要看你的體重、運動量、身處的氣候帶，以及其他種種因素。傳統說法是大約一天要喝八杯八盎司的水（兩公升左右），不過有的人可能需要多喝一點。

我們提出的**微復原力**觀點談論補充水分時，和傳統看法不同的地方在於，除了喝水量很重要，喝水的時機也很重要。當我們壓力很大，努力趕上最後期限，勞苦功高的水瓶常被推到桌子遠處，接著就被遺忘，然而此時正是我們最需要補水的時候。

研究顯示，喝水立刻就能提升表現。英國研究人員證實，在接受具有挑戰性的動腦任務之前，受試者先喝一品脫（約 500 毫升）的白開水，需要的反應時間比沒補水的人少 14 %。[1] 同一組科學家也證實，水喝得比同

學多的孩童，注意力集中的時間增加，記憶力也增強。

科學顯示，如果一忙碌就忘記喝水，不論是忘幾小時或忘一整天，達成目標的能力會減弱。

國立衛生研究院（National Institutes of Health, NIH）回顧探討水、健康與補充水分的研究[2]，指出輕微到中等程度的脫水會傷害各種認知領域的表現，包括短期記憶、知覺辨認（perceptual discrimination）、計算能力，以及視覺追蹤的動作協調。[3]

相關研究解釋，為什麼水讓史坦的日常生活起了很大的變化。記憶力變好，對數字更敏銳，眼睛看得更清楚，手眼協調能力更好，還增強施展人際互動的技巧，打造複雜機械、規畫協調的能力等，對他的工作來說全都很重要。他現在能夠努力追求高效率與公司利潤。

你有沒有碰過想破了頭也沒用的時刻？或是明明知道有更好的方法，但就是想不出來？這個時候趕快喝一杯水，說不定就有靈感。

我們的小女兒艾拉（Ella）是很棒的演員，喜歡上台表演。去年夏天，她意氣風發地宣布自己選上莎士比亞戲劇《無事生非》（*Much Ado About Nothing*）的女主角碧翠絲（Beatrice）。全家興奮極了，等不及看她演出莎翁筆下最足智多謀的女性人物。

一切都很美好，直到艾拉發現，碧翠絲的台詞有一百多段對話，還有又長又複雜的獨白，而且全都是用 16 世紀伊麗莎白女王時代的英文寫的。雪上加霜的是，這是暑期檔的戲，排演時間只有兩星期！

　　有一天，我們沮喪的年輕演員花了將近一小時練習台詞後，告訴我們：「我頭好昏，永遠記不住這些台詞。」

　　「喝點水。」我們解釋相關研究與原理，建議她快點補充水分。

　　幸好艾拉年紀小，還願意接受父母的建議。她喝下幾口水，又乖乖回去努力，發現記憶力立刻有所改善。

　　「變得比較好背了！」她告訴我們：「我的頭比較舒服了。」

　　艾拉不但背起大量複雜台詞，也完美詮釋意志堅定又獨立的碧翠絲，創下演藝高峰。現在只要她需要背東西、準備考試，或是做任何複雜的事，你就會看到她隨時把手伸向水瓶。

水分對其他架構的影響

　　剛才提到的補水研究也指出，灰色腦細胞缺水時，讓大腦重新聚焦的技巧很難發揮效果。由於大腦超過

70％是水分，身體其他部分近 60 ～ 65％也由水構成[4]，我們可能不覺得口渴，但大腦已經開始缺水。有些專家鼓勵大家，覺得口渴**前**就要喝水，以維持最佳的「身體水合狀態」（body hydration status）。[5]

水分夠不夠，還影響著我們的情緒。國立衛生研究院審閱過的一項研究指出，根據受試者的自述，輕微脫水最一致的影響包括疲勞、恍神與憤怒。例如，當我們試著運用重設原始警報的技巧，脫離情緒劫持，或是運用轉念技巧讓自己更正向，光是體內水分不夠，就會前功盡棄。或許史坦說感到全身「軟軟的」，頭腦卻比以前靈光，就是這個意思。長期缺水導致的憤怒、恍神與疲勞使他「僵硬」，損耗精力，影響表現。

此外，整體身體健康狀況不佳，將難以過著有耐力的生活。國立衛生研究院審閱過的研究指出，脫水會對腎臟、心臟、消化系統與皮膚造成負面影響。反過來說，水分充足可以減緩慢性問題，例如：頭痛、泌尿道感染與高血壓等。史坦發現，一天之中隨時補充水分，可以減輕他習以為常的疼痛與不舒服。

補水的方法

　　目前已經有數千人上過我們的微復原力課程，多數學員靠著幾個簡單步驟，把喝水變成一天之中固定做的事，就解決了補水問題。以下是幾個讓攝取水分變好玩，讓人想喝水的方法：

✓ 補水小技巧

1. 找一個自己很喜歡的新水瓶。挑選特別的顏色，貼貼紙上去，或是選擇符合你的品味的時髦設計。有位女性用麥克筆在瓶身寫上激勵小語：「喝水快樂」。

2. 桌上放一瓶水，車上也放一瓶。保溫杯可以讓車上的水在夏天的時候不會太熱，在冬天又不會太涼。

3. 邦妮打碎草莓、柳橙等水果製成冰塊再加進水裡，喝起來很香，還讓她想起高級度假勝地與 SPA 提供的水。

4. 花草茶基本上就是調味水，補充水分的程度和純水差不多。亞倫的方法是泡薄荷茶，裝進水壺放涼，一天之中輕鬆就能喝到水。

5. 覺得餓的話，先喝一杯水。有時輕微的飢餓感與口渴很像。
6. 如果餐廳沒立刻送上水，請他們盡快來倒。
7. 三餐前後各喝一杯水，這樣一天就至少喝了六杯。如果你有吃太多的困擾，喝水也有幫助。
8. 我們的營養師建議，每攝取一盎司含咖啡因或酒精的飲料，也要喝一盎司的水，抵消利尿作用。
9. 抓準補充水分的時機，在一天之中最難熬、挑戰最大的時刻喝下最多水。

血糖平衡，心情愈平靜

　　血糖和水分一樣，隨時影響著我們的復原力。無所不在的雜貨店、冰箱和餐廳，讓人們隨時都能取得食物，但我們依舊有餓肚子的時候。我們可能被卡在遲遲無法起飛的飛機裡，困在一場又一場的會議中，或是得接送孩子參加課後活動。現代生活雖然便利，我們還是可能一連幾小時吃不到東西。

　　大腦是新陳代謝的「大戶」，明明只占全身重量

2％，但每日耗掉我們攝取熱量的 20 ～ 25％。[6] 大腦的執行功能，如決策、身心耐力和邏輯推理，比自動發生的認知事件更耗血糖。[7] 由於腦中永遠只有少量血糖，不補充的話，5 ～ 10 分鐘就會缺糖，執行功能很容易受影響。[8] 如果太常忽略進食，就可能頭昏腦脹、猶豫不決甚至憂鬱沮喪。

　　血糖下降時，自制能力也會下降。[9] 有聽過「hangry」（編注：意思是又餓〔hungry〕又氣〔angry〕）這個詞嗎？距離進食時間愈久，就愈難控制情緒，我們會突然暴怒或掉眼淚。此外，血糖低的時候（不正常的低血糖濃度期間）會增加焦慮程度。[10] 從前有一句廣告台詞說：「肚子一餓，你就不是你」（You're not you when you're hungry），真是至理名言。

　　心理學家馬修・蓋利特（Matthew Gailliot）推測，大腦的複雜高階執行功能，在演化過程中較晚才出現，因此資源稀缺時會被第一個放棄。大腦採取「後進先出法」（last-in, first-out），情緒控制等進階的大腦活動早早就遭到拋棄，先保障呼吸、心跳與其他維生功能。血糖低的時候，原始的自我會推開演化後的自我，接掌大局。而自制力需要耗費十分大量的能量，例如：移轉進食與性交渴望等原始衝動、戰勝惰性，以及化憤怒為力

量等。此時，平衡、穩定的血糖濃度，可以替大腦的執行功能助陣，抑制原始的自我。

如果連「正常範圍」內的血糖波動也能避免，對我們的好處相當多。[11]自制力或許是最容易受血糖波動影響的大腦執行功能，也有證據顯示，良好的自我管理，關係著健康的人際互動、人緣、良好的心理健康、有效的應對技巧、優秀的學業表現，以及比較不容易陷入藥物與酒精濫用、犯罪行為或飲食失調。[12]

另一方面，血糖飆高（高血糖）不代表大腦會運轉得更順暢。長期維持高血糖會以各種方式損害全身細胞，包括大腦細胞。血糖狀態應該保持得跟三隻小熊童話中，金髮女孩（Goldilocks）喜歡的粥一樣：不太燙、不太冷、溫度剛剛好。[13]

平衡血糖的方法

平衡血糖濃度的方法，就是找出符合自身生活型態與口味的食物。我們無法在這裡列出每一個人該吃些什麼，各位得花點時間與力氣，找出最適合自己的搭配。不過，你可以從 GI 值（glycemic index，譯注：亦稱「升糖指數」）著手，找出自己吃的每樣食物的 GI 值。GI

值原本是為了協助糖尿病患者了解各種食物會讓血糖濃度攀升到什麼程度，不過一般人也可以用來控管血糖不要高低起伏。

攝取高 GI 值的食物，例如蛋糕和糖果，血糖會迅速飆高。一般未罹患糖尿病的狀況下，胰島素能平衡飆高的血糖，降低血糖濃度。你可能很熟悉那種感覺：經歷刺激的高糖效應（sugar high，編注：指攝取大量糖分後產生的興奮感）之後精力大幅衰退，讓你只想在最近的沙發上躺平。低 GI 值的食物則不會讓血糖飆高，精力將緩緩增加而且更持久，舉例來說，燕麥、蛋、堅果與蔬菜等食物的 GI 值都不高。[14]

不過，要是仔細研究數字，你可能會嚇一跳，葡萄乾與無花果乾的 GI 值幾乎是新鮮水果的兩倍。所以，最好找可信的資料來源做一下功課，例如梅約醫院（Mayo Clinic）與國立衛生研究院提供的數據表。

✓ 低 GI 值點心

- 蛋
- 鷹嘴豆泥
- 肉
- 牛奶
- 豆漿
- 堅果
- 蔬菜
- 優格
- 莓果
- 桃子
- 李子
- 起司
- 毛豆
- 肉乾
- 蛋白質奶昔（少糖或無糖）

你不必走火入魔，只准自己吃低 GI 值的食物。少量中、高 GI 值的食物，再加上低 GI 值的食物，可以搭配出平衡的正餐或點心。我們建議，列出飲食計畫前，最好還是先請教醫生或營養師等專家。

✅ 平衡血糖小技巧

1. 盡量在家吃飯，外食也要想辦法跟在家裡吃得一樣。在家吃就可以控制一餐中有多少糖、精製麵粉以及其他高 GI 值的食物。即使外食，也可以要求菜單上沒有的東西，例如烤蔬菜或不加料的烤雞胸肉，不必苦苦在菜單上尋找看起來最健康的選項。詢問餐廳有沒有你要的食物，一開始會不太好意思，但你將是最大贏家，成為全桌最健康、最快樂的人。

2. 自己帶便當。不論你跟我們一樣，每個月都得出差兩、三個星期，或者只在離家不遠的地方辦事，都可以自己帶食物出門，防止自己一時衝動。外食的低 GI 餐點不好找，機場裡賣蘋果的地方，通常旁邊就擺著洋芋片。血糖低的時候，判斷力與控制力都會下降，很難忌口。我們認識的朋友中，最健康的那個人，總是隨身攜帶愛吃的零食，不會被高 GI 值的食物引誘。

3. 多吃蔬果。多數美國人不愛吃青菜水果，你不需要吃素，但一定要多吃大自然的恩典。

幫自己準備葡萄、胡蘿蔔條、切片小黃瓜帶去工作地點，或是在路上吃。在袋子裡裝一片片的蘿蔓萵苣，像吃洋芋片一樣享用。

4. 高蛋白奶昔也可以助你一臂之力。我們試喝過各式奶昔，終於找到好喝、糖分又不會太多的產品，HMR 與 Beachbody 是我們的最愛 [15, 16]。你也可以多方嘗試，找出喜歡的高蛋白奶昔。有些產品可能沒標明 GI 值，一般來講，原則是選擇低糖、低碳水化合物的最好。我們不是很愛吃蛋白棒和燕麥棒，因為它們通常含有大量精製糖分、白麵粉及其他高卡路里成分。如果沒加這些東西，通常又不太好吃。這只是我們的看法，你可以選擇最適合自己的飲食。

5. 留意自身感受。我們經常腦袋裡想著很多事，又忙著工作和做各種事，沒發現身體狀況，所以要多多留意自己何時渴了、餓了。頭腦亂糟糟和亂發脾氣都是血糖偏低的警訊。

6. 多吸收資訊。無數網站與書籍都提供選購食物、食譜與點心的建議，甚至有一本書叫做《笨蛋都懂的 GI 飲食入門》（Glycemic Index Diet for Dummies）。[17]

7. 請身邊的人幫忙。堅持新的飲食方式不容易，
可以找夥伴一起努力、加入相關團隊，或是
用 app 追蹤飲食。舉例來說，邦妮一直以來
都是請慧優體（Weight Watchers）的線上教
練提供點子與鼓勵。亞倫則藉著 iPhone 上的
阿金飲食法（Atkins diet）app 管理飲食。你
可以請每天都會見到的人幫忙，例如同事、
客戶、家人或朋友，請他們協助你達成目標。
同事之間以小組形式一起進行微復原力訓練
時，比較容易養成好習慣，例如在辦公室經
常喝水，以及採取低 GI 飲食。微復原力的「幫
身體充電」原則成為團體文化後，比較容易
成功。

把自己當跑車保養

　　想像一下，早上你走進車庫，發現開了五年的雪佛
蘭，突然變成帥氣的紅色法拉利敞篷車。你坐進駕駛
座，立刻感受到符合人體工學的座椅完美支撐身體。車
子一發動，12 個配合無間的義大利氣缸立刻發出轟隆隆
的響聲。不管地勢多崎嶇，你像賽車冠軍一樣，不費吹
灰之力駛過一個又一個彎道。你知道自己開著一輛超級

無敵的車子，君臨天下。

　　然而，要是你不提供能讓這輛新車發揮優異性能所需要的東西，會發生什麼事？要是加錯油，所有活塞很快就會無法完美同步。油箱裡加入便宜的低辛烷值汽油（low-octane gas），燃油噴射裝置就無法完整運作。一直虐待車子，原本巧奪天工的傑作，就會淪為昂貴的廢鐵。

　　人也一樣。人類有能力進行複雜思考與社交互動，但大腦就跟法拉利一樣，需要隨時補充高性能的燃料與潤滑油。如果把自己當成一部高度精密的儀器，就能發揮天生的優勢。好好幫自己保養加油，就能從一台已經開五年的普通車，變成暢行天下的跑車。

06

提振精神

有目標就有鬥志，有鬥志就有動力

一生中最重要的兩天，一天是你出生那天……
再來是你找出自己來到世上的理由那一天。
—— 馬克・吐溫（Mark Twain）

有一個人走在路上，看到有人在砌磚頭，問對方：「你在做什麼？」

　　「砌磚頭啊。」對方聳了個肩。

　　那個人繼續往下走，看到另一個人在同一個工地砌磚頭，就再問了一遍：「你在做什麼？」

　　「砌牆啊。」對方用手裡的抹刀指著牆，一副理所當然的樣子。

　　他沿著牆繼續走下去，碰到第三個砌牆的人，又問：「你在做什麼？」

　　「我在蓋大教堂！」工人虔誠看著空蕩蕩的預定地，有一天會聳立著宏偉的建築物。

　　他走向最後第四位工人，再問：「你在做什麼？」

　　「我在榮耀上帝。」那位工人以喜樂的心，仔細塗好精準排列的磚頭空隙。

——無名氏

　　艾蜜莉（Emily）靜靜坐在最愛的藤椅上，檢視自己座落於聖克萊爾湖畔（Lake St. Clair）的美麗維多利亞式建築。過去 25 年來，她和先生李（Lee）仔仔細細

把這棟心愛的維多利亞英式建築，整修成 19 世紀末期古色古香的模樣。裝修後變身的房子，證明艾蜜莉的確有眼光，別人只看到平凡的石頭，她卻看出一塊璞玉。然而，有一天，美麗的居住環境，突然讓艾蜜莉覺得被困在好山好水好無聊的地方。

艾蜜莉愛好攝影，同時擁有商學院與法學院學位，是炙手可熱的商業編輯與作家。她有空時寫寫小說，還在教堂與地方上的慈善單位擔任義工，提供寫作服務。艾蜜莉在各個領域都很活躍，但總覺得平日的生活少了點什麼。她生產力十足，卻感覺懶洋洋，兢兢業業但不快樂。很難說她究竟少了什麼，那種感覺就像是知道自己忘記某樣東西，但怎麼想，就是想不起來究竟忘了什麼。艾蜜莉的日子該怎麼說呢？少了亮點，就好像最愛的那道湯料理少了一樣食材，雖然還是很好喝，但她知道自己要的不只如此。艾蜜莉告訴我們：

> 不管是讓事業成長、寫小說，還是旅行，我對生活中許多事都感到興奮。然而 55 歲時，我不再像年輕時那樣興致勃勃。我以前急著改變，急著接受新挑戰，但現在沒那麼有衝勁了。雖然幾年前頭髮完全花白，我還沒準備好

人生也要一片空白！我只是需要多一點⋯⋯活力。

　　我們在輔導時間詢問艾蜜莉：「妳沒提到使命感，那麼妳清楚自己的人生目標嗎？」我們多年研發微復原力課程，發現對許多人來講，使命感很接近「活力」。

　　艾蜜莉皺眉想了一下。「你們是指長期目標嗎？是在講這個嗎？」

　　好問題。多數人被問到使命感時，會想到未來。使命感感覺好像等同於長期目標，兩者都指引著我們的人生道路，讓我們知道何時拐錯彎。不過，使命不只是目標而已。不論我們多看重目標，它們有可能讓我們心灰意冷。立志當上校長的老師，可能因為家長、同事、法規之間的權力角力而沮喪不已。改變孩子的人生所帶來的滿足感，還不足以抹去那種無力感。為了學區教育品質而參加學校董事選舉的家庭主婦，最終可能受不了官僚體系。

　　本章討論的目標不同於一般目標，可以讓我們精力充沛。你是否碰過因為太愛做某件事，抬起頭才赫然發現時間已經過去好幾個小時？我們感受到強大熱情時，有辦法保持充沛的活力，長時間一直做下去，克服看似

不可能跨越的障礙。

　　儘管如此，不論我們多清楚自己的目標，也不管目標有多崇高，我們依舊需要不時回到初心。艾蜜莉原本自認為很清楚人生要什麼，但我們和她聊完之後，她發現她其實不清楚。

　　　　如果是你們講的那種目標，要是現在再問
　　一遍我的目標是什麼，我想我答不出來。

　　艾蜜莉的情況並不罕見。多數人把目標視為和人生使命差不多的東西，沒發現內心的羅盤需要校準。缺乏人生目標並不會帶來重擊，只會讓你的世界一點一滴變色。只有當我們被一針見血問到：「你的人生目標是什麼？」或是「你清楚掌握自己的人生目標嗎？」我們才會停下來思考，並且發現是時候將精力「升級」。

有目標的人比較長壽

　　哲學、宗教、心理學和企業管理等各領域的學者都談過人生目標的驚人力量。歷史上許多重要概念，例如亞伯拉罕‧馬斯洛（Abraham Maslow）著名的需求層

次理論（hierarchy of needs）[1]和索倫・齊克果（Søren Kierkegaard）的存在主義（existentialism）[2]，全都強調人除了基本生存與物質，還有其他需求。

全球知名精神病學家、猶太大屠殺倖存者維克多・弗蘭克（Viktor Frankl）發現，在二戰期間，絕望的納粹集中營地獄中，明確的使命感決定著生死。弗蘭克講了一個故事，他的朋友在戰爭期間作過一個栩栩如生的夢，夢見戰爭即將結束，絕對可以在 3 月 30 日那一天離開集中營。這個夢帶給這位朋友好幾週的希望，他的眼睛變得明亮，步伐也變得輕快。然而，隨著日期逐漸逼近，戰爭顯然沒有結束的跡象，弗蘭克的朋友開始發燒，在 3 月 31 日死於斑疹傷寒。失去目標這件事重創他的免疫系統，而且他放棄撐下去。[3]

弗蘭克在奧許維茲集中營（Auschwitz）與達豪集中營（Dachau）的人間煉獄之中，親眼目睹許多人喪失求生意志，放棄希望，接著死去。弗蘭克認為自己最後能倖存，部分原因是他決心找出身旁的人受苦受難的意義，並且公諸於世。簡單來說，弗蘭克的結論是即使在最悲慘的境地之中，要是能找出活著的目標，不但能讓痛苦昇華，還能加強勇氣，甚至帶來生命力。

在較為近期的研究中，洛希阿茲海默症中心（Rush

Alzheimer's Disease Center）派翠西雅・博伊爾博士（Patricia Boyle）以數據佐證弗蘭克的觀察，指出生活中對於人生使命感與方向感的意識愈強烈，死亡率則愈低。[4]在實驗的五年追蹤期間，從生活經歷中得到意義、知道自己在做什麼也因此擁有「高目標」（high purpose）的人，他們的死亡機率只有一半。卡爾登大學（Carleton University）派崔克・希爾（Patrick Hill）所帶領的研究團隊，進一步就博伊爾針對老年族群的發現，於 14 年間研究 6,000 位分布於各年齡層的受試者，[5]他指出：「我們的研究顯示，如果人生有方向，替自己想達成的事設定完整目標，不論幾歲才找到目標，都會活更久。」「愈早找到人生的方向，保護作用就會愈早出現。」[6]即使將正向情緒、正向關係等幸福指標考量，訂定目標對壽命的影響力依舊顯著。

在商業領域這個迥然不同的世界，也有企業專家指出，領導人目標帶來的個人力量，可以使公司更欣欣向榮。約瑟夫・馬坎（Joseph McCann）與約翰・賽斯基（John Selsky）主張，情勢混亂時，目標可以提供策略指標，穩定整合過後的公司，在轉型期帶來靈活的決策。[7]領導力經典著作《第五項修練》（The Fifth Discipline）作者彼得・聖吉（Peter Senge）言簡意賅地

表示：「真正的願景離不開目標。我所謂的目標，是指一個人認為自己為什麼活著。」[8]

提振精神的方法

我們從學界研究中尋找答案時，發現提振精神的做法與其他微復原力的架構不同。由於多數人不清楚自己的整體目標，我們無法立刻向大部分的學員示範，如何利用提振精神的微技巧隨時隨地找回復原力。如同先前艾蜜莉的例子，**微**復原力能夠提供協助之前，幾乎每個人都需要先退一步，重新調整心中的**整體**人生目標。因此，在我們的訓練課程中，提振精神唯一建議如果要得到完整效果，必須同時運用巨復原力與微復原力技巧的項目。

我們對於使命的整體理解，很大一部分源自精神病學家弗蘭克的看法。弗蘭克認為，每一個人都有責任尋找、定義與決定自己的人生意義（或目的），沒有現成的答案。哈洛德・庫須納（Harold Kushner）在寫給弗蘭克的《活出意義來》（*Man's Search for Meaning*）序言中提到：

〔弗蘭克〕在奧許維茲集中營的經歷十分駭人，但也強化他的中心思想：人生不像佛洛伊德的主張主要是為了尋樂（pleasure），也不像阿爾弗雷德・阿德勒（Alfred Adler）所說的那樣在追求權力，人生是為了追尋意義。每個人最大的任務，就是找出生命的意義。弗蘭克認為我們有可能從三個地方找到意義：工作（做重要的事）、愛（關懷他人）以及困境中的勇氣。[9]

我們也認為人生目標將隨情境而定，不斷變化，而非天生註定、無法更改。因此我們把人生目標分成兩部分：

人生目標＝價值觀＋小型目標

為什麼是「小型目標」與「價值觀」？因為**目標**包含行動與方向，**價值觀**則與熱情、信念和喜悅有關。少了價值觀的目標，如同缺乏意義的行動。缺乏目標的價值觀則被動消極、毫無意義。定義人生目標的方法很多，不只可以用上面的公式，不過我們覺得這條公式一

目了然，可以方便大家運用相關概念。

找出價值觀（巨復原力）

　　練習排列價值觀的優先順序時，經常令人感到挫敗。而且，就算決定好「誠實」比「努力工作」重要，「願景」比「同情心」重要，又怎樣呢？有些練習甚至要人幫各種價值觀的名詞標價，我們的「價值觀偵察技巧」（Values Detective）則採取不同做法。

　　先看一個故事：

　　　　1926 年時，有一位年輕的英國女性喬安娜・菲爾德（Joanna Field）逐漸感到人生空蕩蕩的，不曉得怎麼做才能打從心底快樂。為了解決這個問題，她開始私下寫日記，找出日常生活中有哪些特定的事能帶來開心的感覺。那本日記後來在 1934 年出版，喬安娜提到自己是以偵探精神寫作，在平凡無奇的生活中尋找小細節，希望能挖出線索。

　　　　喬安娜發現會讓自己開心的事包括紅鞋、美食、突然的爆笑、閱讀法文、回信、在熱鬧的市集人群中閒逛，以及第一次弄懂某個新

概念。[10]

我們要提供的建議也很類似：放寬「價值」的定義。除了你覺得最重要的信念，任何會讓自己開心的事都有價值，例如：城市的高樓大廈之間瞥見的藍色天空；孩子歌唱的聲音；走在沙灘上，沙粒從腳趾間滑過的觸感。衡量這些感受的標準（試金石）都能提供線索，說明你是誰、重視哪些事情。

當你以偵察的心態找出自己的價值觀時，就會處處發現線索，知道自己究竟重視什麼。多餘的錢花在哪裡？有空時做些什麼？有人喜歡到不同的新地點旅遊，增廣見聞，尋找探險機會，拓展視野。有人則喜歡年復一年都去同樣的地方家庭旅遊。兩種旅遊方式沒有優劣之分，但的確反映出不同價值觀。真相就在你**過生活**的方式之中。

我們通常可以從人生經歷找出價值觀。亞倫的祖父20世紀上半葉在賓州鄉間開了一間「海恩斯兄弟麵粉廠」（Haines Brothers Flour Mill）。農夫會載著穀物，放棄其他離家近的麵粉廠，在崎嶇不平的鄉間道路上多開幾英里路專程到海恩斯兄弟，因為他們知道農產品在那裡可以得到誠實的報價。在那個年代，多數生意是以物易

物，例如穀物換麵粉，所以有些磨坊會偷斤減兩，在麵粉袋裡裝石頭欺騙農夫，但伊拉・海恩斯（Ira Haines）不做這種事。亞倫思考「正直」的定義時，祖父的故事給了他指引。碰上棘手的情境時，他會問自己：「祖父會怎麼做？」他的人生故事深深影響著我們。

來自密西根的作家艾蜜莉，她也用我們的價值觀偵察技巧，找出深植於DNA的價值觀：

> 同樣的事一直冒出來。我開始找到線索，想起自己的本質，想起自己相信什麼，哪些事永遠不會變。我發現自己可靠、遵守時間約定、忠誠並且追求卓越。我愛家人，也熱愛寫作，重視自己是否誠實與健康。此外，我也萬分感激能有今天。這個練習讓我深入挖掘自我，找出我之所以為我的原因。

當然，不同人做這個練習，會得到完全不同的答案。尋找的過程與最後的答案同樣重要，而且答案將取決於個性、經歷與文化。每個人的答案都是美好、獨特、真實的。

✓ 價值觀偵察小技巧

1. 完整回答後文「偵察問題表」每一道題目，探索影響你的個人價值觀的人生經歷。

2. 如果你的答案不符合價值觀，或許是時候重新思考自己的生活型態。曾經有學員做完練習後感到「當頭棒喝」。

3. 找同伴一起做這個練習，你們可以一邊喝咖啡或吃飯，一邊練習，享受過程。其中一人先當偵探，調查另一個人，接著角色互換。別忘了，被調查的人必須寫下答案。親朋好友與同事都是適合的練習人選，過程中可以培養感情，強化團隊力量。

- 當偵探的人要負責調查，挖出簡單問題背後的深層事實。訪談愈來愈深入時，可以自由發問。就像魚在水中不知水，被訪談的人通常看不見自己獨特的價值觀。所以，請抱持著好奇心，鍥而不捨追問，讓受訪者看見真正的自己。

- 不要讓受訪者用一個字或詞敷衍答案。鼓勵對方好好想一想，寫下每題答案代表的含意。

- 輪到你受訪或是獨自練習時，請記住你不需要給出普通的答案，而是應該在紙上趁機表達真實的感受，點出比較重要或顯眼的那幾項價值觀。也可以用畫圖方式答題。

偵察問題表

- 別人做什麼事你會不高興？
- 你空閒時都做些什麼？例如：參加派對、享受社交生活、與家人孩子相處、當義工、參加宗教相關活動、購物、布置家裡、閱讀、散步、探索大自然、旅遊、運動、發展興趣、進修、放鬆或是看電視。請選出前兩至三名。
- 除了基本生活費，你的錢花在哪裡？
- 工作上或其他領域，你敬佩的人是誰？
- 工作上哪些事令你渾然忘我，而且就算沒錢也願意做？
- 工作及其他領域哪些事會榨乾你的精力？
- 哪些事帶給你快樂？
- 人們認為你擅長哪些事？你同意嗎？
- 你可以教導別人哪些事？

- 你擔任別人的導師時，希望對方具備哪些性格特質？
- 有哪些事一定要教給你或別人的孩子？
- 領導人最重要的特質是什麼？

重新檢視人生目標（巨復原力）

排出價值觀的優先順序不容易，也沒什麼用處，不過，目標比價值觀更具體，的確應該排序。已經過世的創業家史考特・丁斯莫爾（Scott Dinsmore），為了協助人們找出熱中的工作，創辦一家公司叫做「活出你的傳奇」（Live Your Legend）。丁斯莫爾講過一則故事，據說股神巴菲特建議朋友史蒂夫，列出接下來幾年最想做的 25 件事，接著圈選出 5 件最重要的事。接著兩人坐下替那最重要的 5 件事擬定策略，巴菲特接著又問：「沒圈起來的 20 件事呢？你計畫如何完成它們？」

史蒂夫信心滿滿地回答：「前 5 名是我要投入多數精力執行的事，不過剩下的 20 件事我也很想做，也很重要，因此我會趁空檔去做。」

出乎史蒂夫的意料，巴菲特神情嚴肅地回答：「不行，史蒂夫，你完全搞錯了。沒圈起來的那些事，現在全都在你的『不惜一切代價也要避免』清單。無論如何，

絕不能讓那些事分散你的注意力，直到完成前五件事為止。」這則故事可能只是都市傳說，但寓意很明顯：**清楚知道該專注於哪些事將帶來力量**。以這樣的方式排列優先順序，通常不會讓生活出現天翻地覆的變化，也不會挑戰你的信念，只不過是點出你最希望發生的事。

艾蜜莉列出人生目標，經過仔細選擇，最後出爐的前三名跟她原本的設想不太一樣：1. 協助他人奮力追求卓越；2. 每年夏天和先生在海灘度假一個月；3. 指導年輕女性。於是，艾蜜莉的心得是：

> 更新人生目標的練習深深影響了我。我一開始列出大量好玩有趣的事，以及當下似乎很重要的事。然而，最終出爐的名單點出我目前為什麼而活，那些才是真正重要的事。我知道老天有時不按牌理出牌，這張清單會隨時間改變，所以最好大約每一年重新檢視名單。

✓ 更新人生目標小技巧

1. 列出夢幻生活中（充滿意義、各方面都很滿意的生活）想擁有、想做、想實現的 15 ～ 20 件事。大膽寫下理想生活是一件刺激有趣的事。

2. 圈選清單上最重要的一件事，也就是即使其他事都行不通，你也想擁有、想做或實現的事。

3. 以同樣的方法，選出第二重要的事。如果只能讓名單上一件事成真，要選哪一樣？

4. 以同樣的方式繼續執行，直到挑出你的前五名。最後出爐的結果可能和你想的不一樣。

說出你的使命（巨復原力）

哈佛商學院的史考特‧史努克（Scott Snook）與尼克‧克雷格（Nick Craig）指出：「只有不到兩成的領導人強烈感受到個人目標，但能具體說明的人更是少之又少。」[11] 組織常以團體的身分花力氣說明目標，提出簡潔響亮的宣言，號召大家一起行動。這樣的宣言或口號，例如豐田汽車（Toyota）的「暢行天下」（Let's go places）、麥當勞的「I'm lovin' it」，通常會隨公司或品牌的生命週期不斷變化。相較於組織，個人則鮮少為自己著想，或是善用品牌的力量。

人們找工作或是替新創公司募集資金時，的確會利用「電梯推銷」（elevator pitch）的技巧，簡明扼要說出自己能提供什麼。不過，這種事要一直做、常常做，不是找到工作或資金後就大功告成。人在一生之中會不斷變化，個人口號也會跟著變。隨時檢視，有必要就更新。

如果要讓目標帶來活力，我們建議你擬一句話說明你在這裡的理由，也就是你在世界上的任務。這句簡單的口號是一句迷你宣言，可以展現你的獨特風格，以及你帶給這個世界的貢獻，讓別人輕易辨認出來。為什麼人們請你幫忙？你從事哪些對別人來說有價值的事？

史努克與克雷格舉例，某飲料公司執行長想出的目標宣言是「我要當拯救王朝的大俠。」[12] 這句話除了透露他愛看功夫片，也反映出他從中國古代俠客身上學到的智慧與紀律。這位領導人回想過去的職涯經歷，發現自己最得意、最生龍活虎的時刻，就是採取行動，帶領團隊在高風險、前途未卜的狀況下獲勝。史努克也協助太太凱西（Kathi）想出個人宣言：「當推動成功的幕後

功臣」。凱西的宣言源自過去的經歷，她當過陸軍上校，也當過全職媽媽。她後來因為這句話帶來的啟發，決定參加競爭激烈的地方學校董事會席次（最後如願以償）。[13]

以下是我們合作過的領導人寫下的個人宣言：

- 「當上首屈一指的園藝師」
- 「關注、啟發與提升願景」
- 「說出真相，不講空話」
- 「奔向失火的大樓，拯救一切」

我們就算不知道這幾位領導人的人生故事，也會希望面臨各種非常不同的情境時，能有他們在身邊。我們看得出他們是獨特的個體，也了解他們的專長以及看重的事情。所以，你們的個人宣言也要像他們一樣，說明自己的行事風格，以及活在世界上的原因。

艾蜜莉寫下大量想法與回憶，一修再修，最後濃縮成一句具體又簡潔的宣言：「我的目標是找到好事並且發揚光大。」就這麼簡單。這句宣言成為艾蜜莉立身處世的依據，除了呈現出她的價值觀，也簡明扼要說出她想做的事。艾蜜莉找到了屬於自己的人生目標。

✅ 更新目標宣言小技巧

1. 清點一下你做得好、很喜歡做，而且過去大家要求多做一點的是哪些事。相關經驗可能來自先前的工作、義工活動，甚至是你在親朋好友面前扮演的角色。

2. 自問下列三個問題：[14]
   - 小時候，在這個世界用很多規矩綁住我之前，我特別喜歡做什麼？
   - 寫下兩段最具挑戰性的人生經歷，並且說明它們對我有什麼影響？
   - 我享受生活中哪些事？

3. 依據個人清單與以上三個問題的答案，寫下目標宣言。最初的草稿可能太多專業術語、太八股或太複雜，不過別擔心，草稿就像黏土，捏一捏就能調整成有用的美麗成品。不要使用複雜艱澀的詞彙，愈簡單愈好。

4. 你的宣言必須對你來說獨具意義，不一定要是別人一聽就懂的話。善用靈感、幽默與個人特色，讓那句話變成專屬於你的語言。

5. 請親朋好友幫你看看那句話。你的宣言應該要讓別人能夠辨認出來它完全專屬於你。

6. 如果感覺不太對可以改。一路成長時，隨時
　重新檢視個人口號。只要感到有必要，隨時都
　可以改。

把目標化為實物（微復原力）

　　艾蜜莉已經檢視完自身價值觀、列出人生目標、寫
下標語，不過還有最後一個步驟。她雖然漂亮完成以上
巨復原力的練習，如果要天天發揮最大效果，完整提振
精神的狀態，還需要運用微復原力技巧，在日常生活中
把清楚的目標化為行動。我們建議她把目標宣言化為具
體、看得見的實物（代表物）。艾蜜莉開心接下挑戰，
首先設計出標誌，買下一個福爾摩斯風格的老式放大
鏡，將輪廓描繪在紙上，畫出一個圓，中間用精緻的古
典手書體寫上：「找到好事並且發揚光大」。接著，她剪
下描好的圓圈，黏貼在放大鏡透鏡上，紙上的字被放
大。艾蜜莉把做好的代表物擺在床邊，每天醒來和睡前
都能自我提醒。她甚至拍下照片，做成電腦與 iPhone
的螢幕保護程式，永遠把目標放在最顯眼的地方提醒自
己。

螢幕保護程式和床邊小物聽來簡單，然而每當艾蜜莉瞄到那個放大鏡，她就覺得活力充沛。就算碰上壓力，也依舊專注於正向的事。就算是心事重重的時刻，世上的好事感覺寥寥可數，但她知道自己有幫助他人的天賦。

艾蜜莉的父母最近帶給她極大的煩惱。父親有早期失智症，母親則是髖部骨折，老是在看醫生。艾蜜莉天天跑醫院，照顧老人家有各種要注意的細節，而且見到年邁的父母飽受折磨，自己心裡也不好受。為了讓大家開心，她接手家中的重要節日傳統，自願幫忙寫當年的聖誕信，然而她坐在電腦前時忍不住想：**我們家一片愁雲慘霧，怎麼有辦法散播過節的喜悅？**

艾蜜莉回想自己的人生目標，想到自己可以當父母與其他家族成員的放大鏡。她看著放大鏡底下那行字，知道自己有能力（也有責任）找出父母的病痛中埋藏的喜悅。艾蜜莉振作精神之後，寫下和父母走過的這段獨特時光，經歷過種種事件後，全家人更貼近彼此。艾蜜莉並未美化這場經歷，只是誠實以對，並表達感激之情。

> 我挖掘出內心的喜悅，寄出我的感想，讓
> 其他遭逢困頓的親朋好友，也能感受到溫暖。

亞倫的例子

亞倫經常回想自己最喜歡的這項練習。他當過好幾家中型的高成長娛樂行銷公司執行長，專門替各大影視公司製作電影預告片、電視廣告、海報、看板以及各式宣傳活動。《星際大戰首部曲》（*Star Wars Episode I*）、《獅子王》（*The Lion King*）、《大家都愛雷蒙》（*Everybody Loves Raymond*）、《CSI 犯罪現場》（*CSI: Crime Scene Investigation*）等熱門作品的廣告都是由他操刀。

亞倫發現在好萊塢這個地方，你碰到的絕大多數人多少都和演藝圈有關。洛杉磯郡西部四處洋溢著好萊塢的熱鬧氣氛。亞倫會在餐廳聽見隔壁桌的人閒聊上週末的電影票房；幫女兒買雙運動鞋，也會碰上新片即將上映、想知道預告片進度的電影公司老闆；開家長會時，旁邊坐的是搖滾歌手吉恩・西蒙斯（Gene Simmons）、花花公子雜誌創辦人休・海夫納（Hugh Hefner）和茱蒂・佛斯特（Jodie Foster）！感覺不管走到哪都逃不了。一開始，亞倫並未感覺到這個花花世界帶來的窒息感，但那種感受愈來愈強烈。他的工作再也不是創意工作，而是在商言商，但是這可不是他搬去陽光充沛的南加州的原因。

亞倫的目標是透過感染力強的故事娛樂大眾。不論

是演戲、導戲、寫書，或是把兩小時的電影化為讓人很想上電影院看的兩分鐘預告片，他最快樂的時光，就是以幽默風趣的風格說出故事。亞倫回到初衷，回憶心中最初的熱情如何被點燃：答案是迪士尼。

亞倫十歲的時候全家出遊，從聖地牙哥出發，一路沿著太平洋岸抵達西雅圖，中途造訪各種觀光景點，但亞倫最想去的地方就是迪士尼。每個星期日晚上，他會一邊看電視節目《華特迪士尼彩色奇妙世界》（*Walt Disney's Wonderful World of Color*），一邊想著有朝一日一定要造訪那個奇幻王國。他終於踏進神聖殿堂的那一天，一輩子沒那麼興奮過。昨日歷歷在目，他抬頭仰望樂園正門口的拱門，看見一塊刻字的金屬牌（今天還在），讀到改變一生的一句話：「從現在起，你離開現實的今日，進入昨日世界、明日世界與幻想世界。」在那個瞬間，亞倫知道自己這輩子想做的事，就是帶領人們踏上那樣的旅程。

因此，當好萊塢沉悶到讓他感到前景茫茫，他決定舊地重遊，找回自己的人生目標。幸運的是，從洛杉磯出發，當日就能來回迪士尼樂園。亞倫抵達樂園，走過當年誘發他的使命的拱門，找了一個喜歡的位置：馬克吐溫遊輪（Mark Twain Riverboat）船塢的正對面，有

一張公園鐵椅，那裡是探險世界、西部樂園和紐奧良廣場幾個園區的交界處，散發著五光十色的節慶氣氛。亞倫靜靜坐在那裡看著人群。家庭手牽著手，孩子拿著冰淇淋，情侶擁吻，各個不同行業、種族、國籍與文化的人們，享受一生中最美好的時光。亞倫心想：「我們就是為了眼前這些人努力從事娛樂事業。」在那之後，他不斷重返迪士尼，每次造訪都讓他想起初衷，心中充滿感動。

席維亞的例子

運用這項方法的另一個好例子，來自美國衛生及公共服務部（Department of Health and Human Services）部長席維亞・馬修・柏薇爾（Sylvia Mathews Burwel）。邦妮最初會認識席維亞是因為兩人都就讀於牛津大學，也都是羅德獎得主（Rhodes Scholars）。席維亞除了是模範公僕，也擔任數間聲譽卓著的人道組織資深領導職。她是蓋茲基金會（Bill & Melinda Gates Foundation）「全球發展計畫」（Global Development Program）的主席與發起人，帶領團隊立志消滅世界貧窮。

大部分的人可能以為，蓋茲基金會旗下由科學家、

慈善家與其他專家組成的團隊，只不過是在篩選堆積如山的申請書，接著送一大筆錢給最值得拿到補助的慈善機構與計畫，如同選拔點子的全球選美比賽。然而，他們實際上做的事遠比捐錢複雜，令人歎為觀止。蓋茲基金會不坐等求援信抵達，而是主動提出計畫。有些計畫需要好幾個外國政府、大型學術研究單位與大型民營企業一起合作。促成各巨頭合作不是一件簡單的事，席維亞的團隊有時會心灰意冷，忘記自己的初衷。

席維亞想出一個簡單的辦法，讓自己和團隊能回到初衷。她在用來發想策略的會議室裡，掛上一幅大大的非洲小女孩照片。她因為營養不良，身材瘦弱，但依舊露出令人動容的溫暖微笑，靈魂中的純粹能長驅直入人們的心。席維亞告訴自己的專業團隊，這位女孩是他們的新「老闆」。每當大家爭得面紅耳赤，席維亞或其他團隊成員就會停下來問：「老闆會怎麼想？」大家看著那雙深色大眼睛，知道無助孩童的未來都要看自己接下來的決定，對話氣氛通常會為之一變。團隊多加一把勁，打敗所謂的政治現實。那個簡單的代表物，日日提醒著團隊自己當初為什麼接受這份工作。

✓ 將目標化為實物小技巧

1. 自己或和團隊一起腦力激盪，思考如何把抽象的感受與概念，變成能提醒目標的有形物品。

2. 選擇能立刻感動與鼓舞你的特定象徵或人事物，例如亞倫喜歡看著造訪迪士尼的家庭。那樣東西就是你的目標的代表物。

3. 把代表物的照片貼在浴室鏡子、汽車儀表板或水瓶上等每天都會看到的地方。

4. 把代表物的照片設成電腦、手機的桌面與螢幕保護程式。

5. 每天挪出一點時間思考自己的代表物：上健身房、通勤，甚至是在等著牙齒門診的時候都可以。用一小段時間提振精神，會神奇地讓你重新充滿活力。

重新安排時間（微復原力）

彼得（Peter）是我們見過最有幹勁的人。他在哈佛商學院表現優異，還沒畢業，高薪工作就在等他。他和同樣極度優秀的知識分子阿伊莎（Aisha）結婚成家後，

家中擺滿書籍、論文及其他能滿足求知慾的刊物。

　　彼得雖然精力充沛，有如千匹馬力的柴油引擎，有一天卻帶著煩惱來找我們。彼得想創一番事業，也想當懂得支持太太、愛太太的丈夫，但兩者很難兼顧。彼得已經完成大部分的微復原力課程，也列好清單，排出各種學業責任的優先順序。然而，他想找方法維繫婚姻感情時卻卡住。彼得不管做什麼事都會盡 110％ 的全力，他擔心白天的時間不夠用，無法完成所有待辦事項，同時找出時間陪伴阿伊莎。

　　我們和彼得從「更能顧及人生目標」的新觀點，一起分析他一天之中要做的各種事，最後彼得獲得意想不到的結論：

　　　　舉例來說，我有一份課堂報告作業，但那不是最重要的事，因為我每門課成績都很好，這堂課又只分「過」和「不過」。我可以寫一份還過得去的報告，兩個小時就能收工，也可以寫一份優秀報告，但大概得花六小時。依照我的性格，我會想要「拿出精采表現，一切做到最好。」但現在的我會思考：「如果只寫普通的報告，多出來的四小時可以拿來做更重要

的事，或許做學校的事，也可能是做自己的事。」因此我只花兩小時努力寫報告，然後就交出去。

　　一開始，我心中冒出微微的罪惡感，但我提醒自己，這麼做是有原因的，而且原因相當合理：我將有時間陪伴家人。專注於那個理由之後，改變做法讓我快樂。最初我覺得好像失去些什麼，但我必須改變想法，想著因此得到的東西。

　　很少人把多數時間用在與使命最相關的事情上，然而，要是一天挪出幾分鐘，或是每週挪出幾小時，從枯燥無味的事情脫身，改做能振奮心情的事，就會活力大振。檢視一下行程表上每件事，以使命為依據，誠實判斷每件事的重要性，身心兩方面都會因此多出許多意想不到的餘裕。經濟學領域的學者稱這種做法為「成本效益分析」（cost-benefit analysis），只不過他們很少把人生目標當成衡量的依據。「從事 A 活動的成本」是多少？「從中得到的使命感」又是多少？只要好好比較，重新排出優先順序，就能看出提振精神的機會，不要一直耗損自己。

☑ 配合目標安排行程的小技巧

1. 檢視今天或接下來幾天的行事曆，哪些活動最貼近你的人生目標？哪些可以振奮精神？哪些辦不到？

2. 刪除行事曆上一項與人生目標無關的事。就算一星期只因此多出一、兩個小時，也是很好的起點。

3. 接下來一週，刪除行事曆上另一項不會提振精神的事。能否把那件事交給別人？我們見過很多人死守自己討厭的工作內容，但其實別人一樣也能做，而且很多人願意接下能幫助自己成長的專案。

4. 如果行事曆上幾乎或完全沒有能協助達成目標或點燃熱情的事，可以額外加上什麼？每天擠出時間進行能提振精神的事。

藉由心流提振精神（微復原力）

　　史丹佛大學著名的「設計學院」（d.school，全名：哈索・普拉特納設計學院〔 Hasso Plattner Institute of Design 〕）教授比爾・伯奈特（Bill Burnett）所教授的

心流法，和我們更新行程表的做法不謀而合，都是要協助人們活出有意義、有目標的日常生活。只不過，我們的做法是把更多時間分配給可以達成目標的事（減少做其他事的時間），心流法則重新設計無法縮短時間或放棄不做的事。

心流法源自正向心理學的早期提倡者米哈里·契克森米哈伊（Mihaly Csikszentmihalyi）提出的心流概念。[15]契克森米哈伊發現，人們在某些時刻會與工作「合而為一」，碰上這些時刻的時候，時間一下子流逝，人們廢寢忘食，完全專注於手上的事。契克森米哈伊把這種現象命名為「心流」（flow）狀態。雖然他與其他人一起從心理學的角度著手研究，其實其他領域早已探討這種現象數個世紀，只不過名稱五花八門，例如「為無為」（道家概念，意指遵從無為之道）、「全神貫注」（being in the zone，運動圈行話，編注：意指進入極度專注、能發揮最佳能力的狀況）。

伯奈特建議大家記錄一週裡做各種事情時的精力狀態，尤其是重複性的事務。可以利用數字標示精力多寡，例如從「-10 分」到「10 分」，此外還要標注進入心流狀態的時刻。一週後，畫出能量長條圖，找出哪些事讓自己最有動力。長條圖縱軸代表能量高低，橫軸則

是你做的事情。畫長條圖時先畫出能量軸，接著在縱軸正中間一半的地方畫一條橫線。這條線代表能量的中間點，呈現中立狀態，精力沒耗損，也沒提高。以比爾畫的圖為例：

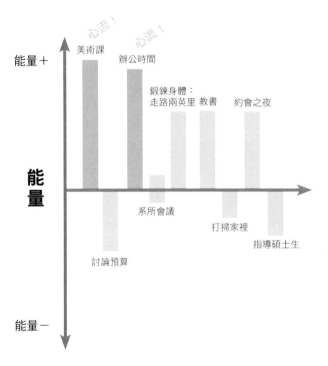

本圖表已取得伯奈特與戴夫・埃文斯（Dave Evans）授權。

接下來，根據完成活動後的精力狀態，在中線以上或以下的地方畫出相對應的長條圖。感到精力被榨光？那麼長

條圖就畫在中線以下。覺得精神奕奕？長條圖就在中線以上。長條圖的長度，則顯示出各項活動與其他活動相比的精力狀態。你不需要畫得很精確，重點是用圖表呈現感受。

伯奈特畫好圖後嚇了一跳，他沒想到指導碩士班學生居然讓他精力低落，那明明是符合人生目標又很有收穫的活動。仔細思考後，他發現那堂課的教室充滿各種干擾，令人難以專心。更糟的是，學生似乎把那個時段拿來抱怨所有不順的事。伯奈特決定重新調整課程，改善上課環境，也改變負面的討論氣氛，將每週奪取精力的討論時間，變成對人生有益的任務。

☑ 心流法小技巧

1. 記錄一週的活動，找出生活中的主要活動會讓你的精力上升或下降。
2. 如果某項活動總是令你精力下降，想一想能否重新安排，創造出更多心流時刻。我們有一位朋友把每個月付帳單的討厭時刻，變成和先生開「支出派對」的美好時光。調製馬丁尼，下載新專輯，準備好精緻小點心，讓討厭的雜事變成充滿值得珍惜的事物：有好

聽的音樂、美食，還能和先生聯絡感情。你
能否改造苦差事，讓它們變得更有價值？

提振自己，感染他人

　　還記得很久以前的電視節目《超人冒險》(*Adventures of Superman*) 片頭曲嗎？「比子彈還快！比火車頭還有力！一躍而過高樓！」我們每個人心中都有一位超人，他擁有隱形的超能力：人生目標帶來的力量。我們發揮那股力量時，將讚嘆世界的奇妙。使命感可以增加企業獲利 (如同班傑利冰淇淋公司〔Ben & Jerry's〕的例子)，還能帶動重要社會改革 (例如「反酒駕母親協會」〔Mothers Against Drunk Driving〕等團體所做出的貢獻)。人生目標具備一種神祕特質，可以讓我們發揮超乎常人的力量，脫胎換骨。背後的原理或許無法完全用科學來解釋，不過我們的確有辦法運用這股力量。

　　本書主要以科學研究為依據，不過我們也想說明，對神的信仰深深影響我們的人生目標。信仰帶給我們方向、力量與價值觀，不過本章提到的巨復原力與微復原

力練習會把我們的人生目標帶到更深一層的境界。不論各位信仰哪一種宗教，都可以透過本章的方式再度探索，進一步連結內心的感受與動機。

艾蜜莉在重拾目標的過程中，想起自己具有引導他人的能力。她重振精神，找出使命後，以新方向感染身邊的人。她有一位正在念博士班的好友，對崎嶇難行的學術生涯感到幻滅。她跟艾蜜莉聊過後說：「我看出妳的人生發生轉變，我覺得很棒，我要跟妳一樣。」

不久後，艾蜜莉參加人生第一次寫作比賽，而且進入決選。她的作品引起某位公關朋友的注意，想幫忙聯絡出版社。接著，艾蜜莉又參加另一項比賽，攝影師捕捉到她神采飛揚的樣子，她因此有了新的大頭照，不再只是以前那個精明的形象。艾蜜莉還在作家大會上推銷自己的小說，新的可能性令她興奮不已：

> 我決定要是無法在大會上找到出版社幫我出書，就要自費出版。不論是用哪種方式出版，我知道我的第一本書會在今年問世。多年來，我都把完成的小說束之高閣，這次我不等任何人決定我能不能出書！

我們或許無法擁有超人般的體能，飛躍過一棟棟高樓，但有時仍然感覺得到自己好像真的有神力！

07

綜合演練

你看過、聽過、吃過、聞過、聽說過、忘掉的所有事物加在一起，
構成了你，一切都留下了印記。
—— 瑪雅・安吉羅（Maya Angelou）

我們通常十分景仰醫生，為了聽取他們的建議，忍受尷尬與不方便，眼看時鐘指針走超過約診時間，依舊耐心坐在擺滿過期《時代》雜誌（Time）的候診室。被叫進診間後，乖乖脫掉衣服，跳上鋪著防水墊且難以一腳就蹬上去的診療台，晃著懸空的腳，就像幼稚園小朋友坐在大孩子的椅子上。等醫生終於現身，我們起立、坐下、轉身，醫生吩咐什麼，我們就做什麼，不質疑，不抱怨。

我們聽醫生的話，因為他們有辦法修復損壞的身體，阻止病情惡化，拯救性命。醫生就跟神一樣，凡人的煩惱與他們無關。對吧？

真實情況離得有點遠。

今日的醫生必須面對各種財務與法規方面的壓力，還有行政雜務，更別提工作攸關生死帶來的焦慮感。各種責任加在一起十分沉重。這種情形問 37 歲的一般科醫師喬許（Josh）就知道了：

　　我的生活就像流水線，一天要看 20 ～ 30 位病人，一個接著一個，間隔時間非常短，一直到晚上。回家路上，我隨便塞點速食果腹，到家立刻昏睡。隔天早上醒來又去上班，依舊

很累，週末則得趕工補完星期一到五沒時間完成的所有工作，然後又是重複的一週。

我快要撐不下去了，累到開始害怕每一名病患。只要有人進來，我一聽見他受傷，立刻就想：「天啊，這個人需要縫合傷口，但我沒有時間，外頭還有四個人在等。」

我痛恨政策與流程凌駕於常識之上，尤其是看診的時候。急著看下一位病人的種種壓力，讓我根本不可能挪出一丁點注意力或時間關懷病人。填表格什麼的更是別提了。每到週末，電腦裡有數百份表格等著我。別人會說：「萬歲！今天是星期五，週末來囉。」然而，對我來說，週末是噩夢。

我偶爾會趁著音樂劇售票的最後一刻，偷空去看盛大的百老匯音樂劇，逃離一下暗無天日的生活。這個讓我有罪惡感的樂趣，是我還能撐下去的動力來源。

喬許感到坐困愁城。他被工作壓垮，朋友少得可憐，日子看不到盡頭。然而沮喪歸沮喪，他也不想放棄事業。當醫生還是有成就感，他無法想像其他生活方

式。未知令人不安，我們常常恐懼到除了眼前的事，什麼都看不見。喬許覺得自己好像別無選擇。

不過，喬許多方了解微復原力的技巧後，開始心生希望。集中注意力的「專心區」讓他明白，白天不必一收到電子郵件就立刻看信。他可以集中看診時間，把那段時間的注意力只放在病人身上：

> 我多數的工作與電子郵件無關，然而，有家全國大型企業買下醫院後，我們開始收到各種無意義的公告與警告，要是不遵守公司的規章、政策或流程，就會遭到懲戒。我感覺每天都會冒出新規定，快被電子郵件逼瘋，不過我發現這些事根本不緊急，所以我有更重要的事情要做的時候就不讀信。最忙的時候，我根本連開都不開，壓力少很多！

每次喬許聽見又有人來掛號，腎上腺素就會激增，於是為了解決這個問題，他開始運用「重設原始警報」的「認清情緒」與「翻牌法」兩種技巧。腦中胡思亂想糟糕情境時，他提醒自己那是在庸人自擾，要改想較正面、對病人有幫助的事。

一開始並不容易；每次一看到又有病患進來，我的直覺反應十分負面，必須很努力才能轉換念頭。我感到情緒又要爆炸時，就會運用認清情緒的方法與翻牌法……結果真的有用！我告訴自己：「你知道嗎？又來了一個有趣的人，我可以幫他的忙。」

接下來，喬許開始解決工時過長帶來的疲憊感。他不再連午休也工作，轉而每隔兩個半小時休息一下。

我用手機在一天之中設定好幾個鬧鐘（我會開靜音以免嚇到病人），提醒自己時間到了之後先看完眼前的病人，接著休息 15 分鐘、喝喝水、吃自己帶的營養食物，邊聽特製的振奮精神音樂清單。有休息真的有差。現在，我下班後還有體力和新朋友出去，也終於得以妥善運用繳了錢都沒使用過的健身房會員資格。

喬許在不知不覺中運用到提振精力的技巧，像是仔細掌控一天之中的新陳代謝（「幫身體充電」的「血糖平衡法」），還聽喜歡的音樂振奮心情（「快樂箱」）。

我們為了進一步提振喬許的精神，還深入挖掘他的心靈層面。他做完「提振精神」的巨復原力練習後告訴我們，雖然他的確喜歡以醫師身分助人，卻感到醫學扼殺內心的創意。他沉浸在百老匯節目的熱鬧氣氛中，心中偷偷渴望寫劇本，但又覺得一邊當醫生一邊當劇作家的念頭實在太可笑，因此很難認真看待自己的寫作熱情。我們告訴他別那麼想，比那奇怪的事多著呢，同時督促他快點填寫一直擺在床頭的寫作班簡章。

　　此外，我們也協助喬許找出可行的微調整，讓他可以同時當醫生，又寫劇本。喬許思考後發現，醫師工作讓他每天都能見到形形色色的人，正好是絕佳的劇本創意來源。他現在把每一位病患看成完整的個體（就連奧客也一樣！），每個人都有獨特的身心狀況與醫療史，也有適合寫成小說人物的獨特性格，說不定有一天能搬上舞台。喬許珍視病患的希望與夢想，也留心每個人獨特的手勢與講話方式。現在，他除了上寫作課，在週末與晚上寫作，看診時也順便練習寫作需要的人物發展技巧。最棒的是，除了醫療專業能派上用場的時刻，病患要是恰巧帶來寫作靈感，他還會在心中暗自竊喜。

喬許運用的技巧

喬許運用的微復原力技巧整理如下：

- 大腦重新聚焦：喬許從「專心區」著手，減少電子郵件的干擾，因此可以專心看診，不再心煩意亂。
- 重設原始警報：病患一直源源不絕出現時，藉由「認清情緒」的技巧，減少焦慮帶來的衝擊。
- 轉念：快速執行「翻牌法」，增加病患冒出來時的正向感受，不讓原始警報響起；此外，喬許還定期播放「快樂箱」中的百老匯音樂。
- 幫身體充電：喬許靠著自備的健康食物，以及經常喝水補充水分，嚴格控管新陳代謝；此外，他還在手機上設定無聲鬧鐘，提醒自己休息。
- 提振精神：巨復原力技巧讓喬許明白，自己的確想當醫生，不過同時也想從事創意活動；「重新安排行程」的技巧（微復原力），讓他得以在忙碌的看診日還能滿足寫作欲望。

每一個小小的改變，都讓喬許更有力氣進一步運用其他技巧。整體而言，他所做的微復原力努力，也讓他

順便改善自己的巨復原力問題。他現在吃得更健康，睡得更安穩，也更規律運動，享受週末時光，有時間交朋友。微復原力的五大架構所帶來的微小改變加在一起，同時改善喬許的工作與個人生活品質。

> 微復原力讓我的生活出現巨大轉變。不只是改變一件事，而是每一件事的改變累積起來形成的力量。我現在有新的生活節奏，新的生活習慣。你知道嗎，我現在居然可以順手填完表格！那大概和我精神變好、專注力提高有關。我依舊和病患一對一互動，跟他們聊天、講笑話，雙方都會露出笑容。我不再感到被壓垮。此外，我能做多少，就做多少，生活因此煥然一新，真是太幸運了。

✔ 綜合演練小技巧

1. 複習五大架構，找出自己最大的痛點，也就是你最想改變的事。你是否精神壓力過大？情緒劫持了理智？一點小事就會跳腳？過

勞？人生不知為何而活？利用〈附錄 1〉的檢查表找出自己最需要的微復原力技巧。

2. 挑選五大架構中任何一項當作起點，選擇想嘗試的技巧。大部分的人最後並沒有每一種方法都做，可以配合自己的需求做調整。

3. 靠日曆、手機、app 提醒自己應該做哪些微調整。一旦習慣成自然，碰上緊急狀況時，很容易就能想起該怎麼做。

4. 再選一個架構，重複以上步驟。

5. 進行到第三個架構時，選擇你覺得做得不錯的架構，例如你可能吃得夠健康，也喝很多水，不過事情排山倒海而來時，還有辦法精力充沛嗎？或是整體而言，你自認了解人生目標，然而行事曆上要做的事，是否與目標有關聯？你的目標讓你一整天都充滿鬥志嗎？

6. 同時運用幾個架構的相關技巧，例如喬許在短暫的點心時間會順便聽令人熱血沸騰的音樂，同時運用「幫身體充電」與「轉念」的小技巧。

7. 把微復原力習慣加進原本就在做的事，讓它們更持久，例如早上沖澡前，或是每天下午

固定開視訊會議之前，先做刻意放鬆的深呼吸練習；或是使用能想起目標的一個字或圖片，裝飾早上喝咖啡的杯子。

8. 別擔心調整太雞毛蒜皮。史丹佛大學的行為科學家佛格博士（B. J. Fogg）大力讚揚超微小的改變，因為這種改變有辦法「躲開」人性抗拒改變的心理，不需要強大動機就能做到。多數人改變幅度太大，其實沒必要。

9. 「一模一樣」也能讓習慣持久。以相同方式、在相同情境、以相同時間長度重複運用技巧，久而久之便能不假思索做到，不再需要靠前額葉皮質苦撐，改由基底核自動駕駛。我們可以藉由重複做一樣的事，把相關技巧加進潛意識。東一點變化、西一點變化，的確很有趣，但比較無法養成持久的習慣。

10. 邀請大家一起來。如果家人、朋友、同事一起做微復原力練習，就比較可能持續做下去。各位甚至可以成立微復原力小組，就像與朋友組讀書會，或是跟同事舉行午餐會一樣。定期聚會，一次討論本書一至兩章。也可以只找一個人當你的「當責夥伴」，每週

通電話或見面。

11. 造訪我們的網站：www.microresilience.com，了解最新的工具與虛擬輔導課程，把微復原力技巧加進生活裡。

貝絲的故事

我們有些課程的學員認真執行教材，讓教材真正變成自己的東西，還以超乎想像的方式進一步運用技巧，例如貝絲（Beth）就是一個好例子。

貝絲是費城附近某大型非營利組織的退休基金經理人，我們剛認識她的時候，她是那種典型的金融業女強人，永遠想跑在最前頭。

> 我不管做什麼事，時間都算得很準，精確到以秒計算。最晚可以什麼時候再出門，才能避開 22 號公路的壅塞時段？我知道在特定時間，特定交流道會塞住，所以我會避開。能睡多晚？沖澡能沖多久？萬一星巴克排太長，就改去 Dunkin' Donuts 買咖啡。
> 我在辦公室也一樣，隨時算準所有行程，

下班時永遠累到不成人形。

貝絲為了找出更健康的生活方式，跑來找我們協助，希望微復原力能讓她不要每天那麼緊繃。她報名入門班，接著就跟做其他事情一樣，五大架構一次執行，全心全意狂熱投入。

然而，有一次我們打輔導電話給她，立刻發現她整個人不對勁，講話不再像連珠砲，也不再精力充沛。電話那頭傳來鎮定、自制甚至是平靜無波的聲音。我們這才知道，貝絲剛剛經歷所有人全都努力不去思考，但是私底下會偷偷恐懼的時刻：她得知自己罹患高惡性兼侵襲性的乳癌，人生一瞬間山崩地裂。

　　我走進診間，確信一切沒問題。我從來不是那種沒事就疑神疑鬼、擔心自己有沒有生病的人，所以不覺得會檢查出什麼病。我有時的確會想：「可是萬一……怎麼辦？」但一下子就把那種念頭拋到腦後。醫生說切片檢查只是求心安，大概沒事。我還以為醫生會微笑告訴我，我的腫塊只是囊腫而已，是正常的組織增生，完全無害。然而突然間，你坐在冰冷無菌

室裡那一張讓人非常不舒服的綠色塑膠椅上，臉上頓失血色。你得了癌症，你要死了。至少在可見的未來，你會活在痛苦的地獄之中。

貝絲花了幾星期，走過庫伯勒－羅絲（Elisabeth Kübler-Ross）提出的「悲傷五階段」（憤怒、否認、討價還價、沮喪、接受），接著開始擬定對策。貝絲面對似乎永無止境的診斷、治療、治療無效、再度治療。一般人在這種時候很容易陷入沮喪，但她決定除了在醫院治療身體，也要靠微復原力治療心態。她要保持正向、保持專注，讓貝絲依舊是**貝絲**。

我得知罹癌之前，把微復原力當作促成工作與生活平衡的工具，讓我能事事兼顧：家人、教堂與事業。但現在我得做的事是照顧好身體，不能倒下去。我從來沒料到會生病，癌症完全改變我過生活的方式。不過我決心不讓癌症定義**我**是誰，我要繼續過生活。「如何與疾病共存，同時依舊活得生趣盎然？」微復原力在此時派上用場。

貝絲必須減少工作量，才有辦法挪出時間接受化療及其他治療。此外，她也想讓縮短的工時更有效率，擬定出「癌症生活日常計畫」，第一步先調整行事曆，讓一天的行程不要太緊繃，不再過以前那種所有事都擠在一起的生活。貝絲為了堅守新作息，用手機在一天之中設定幾個鬧鐘，每一個都取名為讓人會心一笑的有趣名稱。

　　貝絲的每日計畫如下：

- 早上 7:00「**我的時間**」：靜靜在床上多躺一下，讓身心甦醒。
- 早上 7:15「**耶，瑜伽時間**」：做 15 分鐘伸展運動，沖澡，吃營養均衡的早餐。
- 早上 8:30「**正念通勤時間**」：搭車時替一天做準備，集中意念。
- 早上 10:00、下午 1:00、下午 3:05「**多喝水，多開心**」：一整天都要喝水。壓力特別大、需要動用高階批判思考能力的時段，要喝得更勤。
- 下午 12:30「**充電時間**」：吃綠色的健康午餐，絕不跳過三餐。
- 下午 3:00「**再度充電**」：吃低 GI 值點心，讓能

量維持在高點。

- **下午 5:30「愛你的家人在等你」**：收拾東西離開辦公室，不要多待。五點半前要在回家的路上。你的工作時數已經夠多，回家！
- **下午 6:00「兜風時間」**：下交流道後，穿梭在賓州的玉米田之間，享受田園風光。
- **下午 7:30「感謝我們被賜予的一切」**：吃有營養的晚餐，而且不拖到太晚才吃。
- **晚上 9:30「換檔減慢速度」**：改掉當夜貓子的習慣，準備上床睡覺。花一點時間祈禱沉思。
- **晚上 10:00「夜間修復時間」**：上床，忘記壓力，想著快樂的事，準備好進入夢鄉。

　　每個人需要的行事曆各不相同，不過基本概念相同：在一天之中隨時以簡單的方式關照身心。

　　貝絲做的另一項重大調整是「接受別人幫助自己」，接受這個世界的善意。當然，她需要親朋好友加油打氣，不過她也決定結交能支持鼓勵自己的新朋友。貝絲成立私人臉書粉絲團「貝絲的乳癌戰士」（Beth's Breast Cancer Warriors），很快就有 100 多人提供各種協助。部分「戰士」跟她一樣罹癌，不過多數人單純想提供協

助。貝絲必須到醫院接受治療時，有一位好心人士自願當狗保母幫忙遛狗。貝絲累到動不了的時候，另一名好心人幫忙煮飯跑腿。還有一位臉書朋友則是每次貝絲打電話過去，都能令她開心大笑。

> 我向來是伸出援手的那個人，因此很難承認無法每一件事都自己來，讓別人看見我脆弱的樣子。然而，我看見朋友因為能夠幫我，感受到助人為快樂之本，我進一步確認人生目標：我要打造一個人人可以彼此信任依賴的社群。

好人有好報，很多人幫助別人之後，自己也得到幫助。我們有一位學員嫁給美國預備役（US Army Reserve）軍人，先生被徵召到伊拉克打仗時，突然得一個人帶兩個孩子，還有全職工作要做。幾位鄰居組了一個團體，一星期幫她們家煮幾頓飯。一開始，我們的學員覺得受到汙辱，心想：「這些人認為我沒辦法照顧自己的孩子嗎？」然而朋友依舊堅持幫忙，最後她軟化態度。她也是在看見鄰居因助人而感到喜悅時，恍然大悟。畢竟她的先生是被徵召去服務國家，如果拒絕鄰居

的幫忙，等於是不讓他們盡愛國的責任。鄰居感謝她先生為國犧牲奉獻，也想出一分心力，不論多小都沒關係。

貝絲的癌症目前是緩解期。她切除兩側全乳，接受漫長化療及其他治療，不過她和她的戰士過著堅強快樂的生活：

> 我不會自己選擇走上這條路，不過罹癌後，由於和你們一起合作，學會讓自己轉念，長期以來一直困擾著我的問題，順便獲得解決。這是令人啼笑皆非的塞翁失馬，不過我依舊心存感激。

找回真正的自己

我們輔導團體班學員時，通常會每週或隔週舉行一個系列共六次的虛擬討論。第一次討論時，我們會談微復原力的五大架構與技巧，接下來每個人自行設計日常計畫，試用一個星期，逐步調整。學員彼此分享心得，請其他人協助自己度過挑戰，想辦法養成微復原力的習慣。

微復原力的技巧多半十分簡單，只需要幾分鐘的教

學，就連小朋友也能懂、也能運用。微復原力技巧容易上手，一下子就能輕鬆奏效，然而如果要融入日常生活，養成習慣，則需要多費一點力氣。就連我們在研發課程的初期偶爾都會跌跌撞撞。我們了解這些技巧的好處背後的原理，獲得成效時也很開心，然而有時一忙起來，很容易忘記做那些小小的調整。

各位還記得上一次升級電腦的時候嗎？一開始會有點煩，鍵盤操作不一樣了，還要適應新的螢幕畫面，但摸熟之後，就只會注意到升級帶來的好處，想不起來以前是怎麼操作的。微復原力也一樣：各位可以把執行每日計畫，當成安裝人類作業系統更新。此外，練習時用手機設鬧鐘，或是和朋友喝咖啡討論進度，可能有點麻煩，但實際花時間耕耘就會有收獲，腦力和精力都提升了，可以拿出自己最好的表現。我們有一位學員這樣解釋微復原力帶來的轉變：

> 微復原力會讓人改頭換面，帶來 1 ＋ 1 ＞ 2 的效果。許多課程試圖一下子讓生活出現重大轉變，解決問題，或是要你變成跟你不一樣的人。微復原力則幫助我找到真實的自我，還教我如何把那個我當成生活的重心，養成習

慣，每天在生活之中隨時活出自己。

　　你可以想像一隻全身髒兮兮、沾滿噁心汙垢的動物，要是有人幫牠洗掉所有髒東西，牠就會煥然一新，活蹦亂跳，愛這個世界，健健康康。牠不一定會變得更漂亮，但的確顯露出原本的面貌。可以當真正的自己真是太好了，不是嗎？我認為大家都想當真正的自己。

我們也這麼認為。

打造 A 型
正向文化的世界

我們有一個夢。有一天，微復原力將推廣至全世界，企業不再利用恐懼把員工逼到精疲力竭，改為運用正向、活力與具使命感的力量，營造出全新的微復原力高績效文化。政治人物與選民的情緒不再受到危言聳聽挾持，不再目光狹隘、分裂彼此或不信任外表不一樣的人。

　　在微復原力的世界，領導人下決策時，多用前額葉皮質，少用杏仁核。組織不再是 A 型文化，而是「A 型正向文化」。雖然依舊花無數小時努力工作，卻更有效率，也因此更有生產力。本書介紹的研究中提到，我們可以更上一層樓，又依舊不斷成功達標與競爭……在更多事情上大有斬獲。若能如此，微復原力將成為新世界的競爭優勢。

　　本書源自我們孜孜不倦探討各領域的研究，試著找到簡單的方式，幫助我們在顧問這一行接觸到的領導人與組織，減少他們無止境的身心俱疲與士氣低落。相關技巧的確有用，不過我們在檢討時也發現，我們所做的小型調整，主要與人類最新的演化結果有關。過去幾百年來，人類的生活型態起了翻天覆地的變化。歷史演化讓各種生物不斷適應新現實，但速度並未快到足以更新我們的大腦結構，改變舊有的生理反應，以配合現代社

會的需求，而且尤其不足以應付新的千禧年。不過，只要了解大腦原理，並覺察自己的狀態，採取一系列小小的步驟，就能保有自我，不需要等演化追上腳步。我們可以專注於照顧神經系統晚近的區域，減少原始蜥蜴腦的劫持，利用正向與使命感，支持對我們有利的大腦高階行為。

各位可以把微復原力想像成升級人類的作業系統。參與研究的人士除了體會到我們預期中的改變「感覺更神清氣爽」「工作效率變好」，甚至還說「變得更像自己」，體驗到全新的生活品質。

我們更加了解微復原力課程可以帶來的影響力後，進一步擴大訓練範圍。除了企業主管，還與全球非營利組織的領導人合作，提供微復原力訓練給各領域的輔導人士。我們的新學員協助因為家人入獄而受到影響的家庭，支持全球女性賦權，促進弱勢地區的幸福，不過這群努力讓世界更美好的工作者，通常工作量過大又低薪。想想看，要是他們能和喬許、艾蜜莉、沛莉雅一樣提振精神，還讓其他辛苦的團隊成員一起受益，該有多好。此外，我們目前正與大型健康照護體系一起研發課程，研究能否透過微復原力改善病患治療的成果，同時也讓醫療英雄擁有更美好的生活。我們也與課後輔導課

程合作，協助下一個世代學習與成長。微復原力可以提振大家的精力，解決今日社會最棘手的挑戰。

　　我們蒐集可以解釋背後原理的研究，提出「微復原力」的概念，不斷調整方法，希望學員的人生都能獲得轉變。我們的夢想是讓這個世界更美好、更有復原力。我們需要把這個運動推廣出去，如果其他人也能一起討論，提出原創研究，並且口耳相傳，那將是我們最大的榮幸。

　　這個世界鼓勵人們活出精彩人生，有了微復原力的協助，我們全都能擁有更豐富多元的明天。

　　各位如果有興趣加入我們，或是想與自己的組織分享微復原力，甚至是取得訓練師資格，請造訪：www.microresilience.com。

謝辭

本書是團隊合作的成果,前後歷時超過七年,準備期極長,包含研究、課程概念設計、課程問世、評估影響、進一步創新與編寫詳細教案等好幾個階段。本書內容經過許多人士指教後更加詳實,我們在此表達由衷的感謝。

波利森科博士一開始便指引與鼓勵我們。她的開創性研究以及熱情與毅力,替我們及其他許多人開路。此外,波利森科博士介紹我們認識珍‧雷瑟曼(Jane Leserman)博士,我們在大型組織團體上測試微復原力的效用時,有賴雷瑟曼博士指導我們設計與蒐集評估量表。此外,雷瑟曼博士還針對本書的科學知識段落給予指教。

教學設計專家卡蘿‧戴利希(Carol Delisi)兩度協助我們以生動有趣的方式傳授微復原力,並強化課程整

體架構。我們感受到課程的每一個面向都有她的功勞。

丹妮雅・卡蘭－莫里（Daniya Kamran-Morley）為了本書與我們並肩作戰超過一年，協助我們解釋清楚每一項微復原力的架構與技巧。此外，與課程學員有關的事務，也完全由丹妮雅主持，包括招生事宜、後續訪談，以及整理堆積如山的資料。本書的部分段落同時混合了我們與丹妮雅的文字。她替我們立下優秀模範，促使我們前進。

我們為了讓更多人接觸到微復原力，取得需要的輔導協助，決定推出虛擬訓練課程。我們請教由科技專家、創業家、投資者組成的超級智囊團，成員包括珍妮佛・米崔佳（Jennifer Mitrenga）、亞內・伐馬（Aneesh Varma）、拉吉・戴特（Raj Date）、馬克・佛洛伊德（Mark A. Floyd）、葛雷格・布洛克威（Gregg Brockaway）、凱特・尤特薛（Kat Utecht）、拉米・查瓦拉（Rameet Chawla）、史蒂夫・克萊（Steve Klein）、伊潤・梅透（Irem Mertol）、德文・卡爾森－史密斯（Devrin Carlson-Smith）、約翰與瑪利亞・齊林（John and Maria Chrin）、麗莎・庫克博士（Dr. Lisa Cook）、丹尼斯・波爾（Dennis Boyle）、文森・布朗（Vincent Brown）、珍娜・雷德博士（Dr. Janet Reid）、

克麗絲汀・穆倫（Kristine Mullen）、莎拉・傑克布森（Sarah Jacobson）、米爾頓・霍華（Milton Howard）。感謝這群傑出人士挪出寶貴時間分享智慧，帶給世人美好生活。他們除了贊助我們的計畫，平日的工作是在造福世界。在此也深深感謝我們的虛擬訓練計畫團隊成員，他們讓我們的點子成真：布魯克・薛克（Brooke Schepker）、楊明（Ming Yang）、威爾・瓊斯（Will Jones）、艾蜜莉・米娜（Emily Minner）、亞當・庫恩（Adam Kuhn）、麥克・薩多利斯（Mike Saddoris）、伊瑪・羅德拉（Irma Rodela）、威廉・萊恩博士（Dr. William Ryan）、伊蒂塔・韋斯納（Edyta Wiesner）、奧瑪・古茲曼（Omar Guzman）、查理・奈曼（Charlie Neiman），還有我們的社群媒體大師喬伊・布蘭（Joi Branch），以及銷售暨行銷特別主管楚蒂・曼克（Trudy Menke）。

我們要對微復原力課程所有的匿名學員致上最深的謝意。他們允許我們為個案研究追蹤個人進度，毫無保留地敞開心房，將私人生活開誠布公。雖然本書並未收錄所有故事，但是每個人的故事都讓我們學到大量且獨特的智慧。

我們誠摯感謝美國健康人類服務部部長柏薇爾，以

及美國參議員陸天娜。她們分享自己獨特的故事，從整體角度解釋微復原力的力量。

詳盡的意見回饋是所有作者夢寐以求的好事，紐約大學神經科學中心（Center for Neural Science）的鈴木溫蒂教授，對我們初稿中提及大腦研究的部分提出關鍵建議。參與我們早期測試的朋友與夥伴也提供許多建議，在此特別感謝黛伯拉·克來莉博士（Dr. Debra Clary）、溫蒂·陶（Wendy Dowd）、胡巴德（A. J. Hubbard）、麗莎·列文倫（Lisa Lewellen）、約翰·布朗（John Brown）、科瑞·布萊基（Corey Blakey）。我們的好朋友蘇珊·薛曼（Susanne Scherman）與大衛·博思基（David Polsky）也根據本書的形式、架構與內容提出深入見解。

我們團隊的另一位關鍵成員是阿歇特圖書集團（Hachette Book Group）的優秀編輯愛德琳·印格魯（Adrienne Ingrum），她是我們的寫作奧運教練，不斷逼我們拿出更優秀的表現。芭芭拉·克拉克（Barbara Clark）在寫作過程的尾聲加入我們，在本書完稿之前，為文字錦上添花。我們的經紀人理查·潘恩（Richard Pine）永遠提供建議、支持與鼓勵。羅夫·詹特史坦（Rolf Zettersten）、派西·瓊斯（Patsy Jones）、賴寧·

布朗（Laini Brown）、凱蒂‧寇納（Katie Conners），以及阿歇特大家庭的其他成員，目前為止已經與我們合作過四本書，每一次都讓我們精益求精。我們知道這樣的長期合作關係在出版界相當罕見又特殊，我們感謝阿歇特給了我們孕育美好作品的花園。

我們把一切交給辦公室主任艾蜜莉‧哈柏（Emily Halper）。沒有她，就沒有這本書。她確保我們行事曆上的寫作時間不被擠掉，還安排複雜的聯絡事宜，協助我們完成寫作最後階段，讓我們不至於焦頭爛額。

我們由衷感謝三個女兒達西、凱薩琳（Katharine）與艾拉聽我們談點子，還忍耐爸媽週末與晚上躲起來寫書，一路貼心支持我們，給我們最重要的愛。

最後，我們要感謝神不斷賜予我們力量、勇氣、毅力與復原力。

附錄 1
微復原力檢查表

大腦重新聚焦（Refocus）

☐ 我的待辦清單事項永遠刪不完

☐ 我常常感到精神疲憊

☐ 我的精神壓力愈來愈大

☐ 我常常被打斷，因此浪費太多時間

重設原始警報（Reset）

☐ 雖然事情還沒發生，但我卻往壞處想

☐ 我抗拒改變

☐ 起衝突讓我覺得很累

☐ 突然改變最後期限令我很煩躁

轉念（Reframe）

☐ 我陷在負面情境裡

☐ 我在工作碰上嚴重的人際關係問題

☐ 如果一整天過得不順利，我會一直陷在負面情緒走不
　　出來
☐ 我希望可以更有自信

恢復活力（Refresh）

☐ 我經常得到處跑
☐ 我在白天覺得很累、精力不斷流失
☐ 我因為忙著工作，三餐不固定
☐ 我為了方便，都吃垃圾食物

提振精神（Renew）

☐ 我的生活與工作似乎無法平衡
☐ 我懷疑是不是真的需要那麼拚命
☐ 我感到全身無力，無精打采
☐ 人生和工作要是再多點樂趣就好了

附錄 2
微復原力技巧一覽表

大腦重新聚焦（Refocus）
專心區

　　研究清楚顯示，同時做好幾件事通常會耗損精力，影響效率，容易丟三落四，創意枯竭，工作品質連帶受影響。然而一般的辦公室通常充滿令人分心的事物，例如電子郵件、同事的說話聲或突發狀況等等。反制之道如下：

- 指定一個獨立的空間，也就是「專心區」，讓其他人知道，你待在那裡時不該吵你。
- 放置告示牌，讓同事知道你需要專心，不要打擾。
- 跟大家商量好你的界線與底線。
- 在日曆上空下「專心區」，那段時間只專心做一

件事，不接電話、不看電子郵件也不與外界接觸。

- 利用 app 或外掛程式，取消電子郵件與簡訊通知，或是關靜音；多數程式可以設定成萬一有緊急事件依舊可以聯絡到你。

減少腦力負荷的方法

別什麼都靠大腦記。可以在白紙、白板、平板電腦上做筆記，畫出思考流程。不是只有複雜難解的事情才利用這個技巧，請養成任何大小事都這麼做的習慣。

- 畫構想泡泡圖（見第二章），開會與對話時，在紙上或白板上寫筆記。
- 筆記和構想泡泡圖要放在每個人都看得到的地方。
- 隨身攜帶小筆記本。
- 利用手機照相功能，保存構想泡泡圖與白板筆記，收在特定的檔案夾裡。

決策時重振精神的方法

我們一天要做無數決定，時間愈晚，決策品質降得愈低。改變做決定的時間，就能把腦力用在最需要大腦認知功能的時刻。此外，少做一點決定，也能避免浪費寶貴的腦力，減少焦慮感，做決定時頭腦更清楚、更有效率。

- 最重要的決定，放在一天開始的時候。
- 分心或疲憊時，不要做太多決定。
- 簡化日常行程，減少整體需要做的決定。
- 利用檢查表輔助例行公事，例如打包行李和買菜。

適當運動的方法

動一動身體，不要一直坐著，腦袋就會更清醒，創意也會源源不絕，也比較容易記住事情。研究顯示，就連只是走路 5 分鐘，也能冒出靈感。僅僅跳舞 20 分鐘，就能增強腦力長達好幾個小時。

- 在最需要腦力的重要日子（例如：上台演講、寫提案、召開重大會議）先起身動一動，讓血液循環暢通，刺激腦內啡，激發創意
- 別做過頭：運動到筋疲力竭（或是超過 60 分鐘），腦力反而會下降，造成反效果。
- 準備一套能在桌前做的微量運動：
  - 轉肩：肩膀往前、往後各轉三到五次。
  - 抬腳趾：腳跟緊貼地板後抬起腳趾，停留 30 秒以上。這個動作站著也能做。
  - 伸展脖子：放鬆向右傾斜頭部，讓右耳盡量接近右肩。用手輕輕把頭再往下壓，停留 10 秒後放開，再換邊做相同的動作。
  - 坐在椅子前半部邊緣，雙手往後伸抓住椅背，挺胸的同時吸氣後吐氣。可以的話，頭部微微往後仰，伸展脖子。繼續呼吸，維持相同姿勢至少 30 秒。
- 不借會議室，改到辦公室附近或你的辦公樓層邊走邊聊。

重設原始警報 (Reset)

　　我們向來認為，把感受說出來是避免情緒負載過度的好方法。近日的功能性磁振造影研究也證實，認清並說出強烈的感受可以減少大腦的原始杏仁核挾持反應，增加前額葉的皮質活動，這也是掌控執行功能的大腦「高階」部位。光是在心底告訴自己「我很氣」或「我覺得被威脅了」，就能替「打或逃」的自動化程式踩煞車。

- 不論是開會期間、登台演講前，或是被同事惹惱，強烈的情緒即將讓你暴走之前，暫停一下，指出當下感受到的情緒。
- 別忘了，你可以選擇要怎麼想。同事態度差，你可以生氣、體諒對方、無視，或是開玩笑。
- 為負面情緒取一個新的正向稱呼，如果要上台簡報讓你緊張，你可以把焦慮說成是「興奮」或「十分在乎」。
- 可以的話，離開混亂的場面；有時的確該生氣、傷心或感到恐懼，但你的情緒依舊由你主導。

刻意放鬆法

一天之中都習慣性繃緊肌肉會耗損精力，此時可以藉由刻意放鬆法，斷開大腦的自動反應（準備打或逃），讓身心休息一下，恢復精神。

- 從腹式深呼吸開始：
  - 坐下：找個舒服的地方，腳板貼地。
  - 集中注意力：手放在腹部，蓋住肚臍。
  - 吐氣：大力吐氣放鬆，將空氣排出體外。
  - 吸氣：吸氣時脹起肚子，讓肚皮擴張把肚子上的手向外推開。
  - 重複以上動作：緩緩多做幾次吸氣、吐氣，所有的呼吸動作集中在肚子上，肩膀與胸口放鬆不動。
- 深呼吸時，刻意放鬆肌肉。
  - 放鬆肩膀：先做腹式深呼吸，連做幾次後，吐氣時放鬆肩膀。
  - 一切交給地心引力：再次呼吸時，靠地心引力讓肩膀更放鬆一點。

- 專注在個別肌肉上：一一關注身體從頭到腳每一個部位，例如脖子、手臂、腿……想像著要把緊張的感覺引導至地面，從腳趾排出。隨著每一次的呼吸，感受到深層的放鬆。
- 最後再次呼吸：再次吸氣、吐氣，留意放鬆的程度。
- 利用正向思考，例如想著感恩的事或是被愛的感覺，減輕「打或逃」的連鎖反應。

感官復原法

這個方法的別名是「香味與鐘聲」。由於嗅覺會影響深層的邊緣系統，我們可以透過氣味避免一觸即發的情勢，肉桂、香草、肉豆蔻和薰衣草都有效。此外，鐘聲或熟悉的歌曲也能打斷杏仁核挾持。

- 讓舒緩精神的氣味隨手可得，例如：肉桂或薄荷口香糖、護手霜、花草茶。
- 實驗一下，找出哪些氣味與聲音最適合自己：迷迭香爆米花？手掌搓揉過後的精油？青春年

少時聽的歌曲？

■ 利用敲鐘的聲響、輕鬆的音樂或鮮花的香氣為
　會議起頭，在正面氣氛中展開會議。

■ 注意可能有同事對香水或花粉過敏。

權力姿勢法

研究顯示，大搖大擺的「權力姿勢」，可以大幅降
低皮質醇，增加睪固酮，減少害怕的感覺，讓人更勇於
接受挑戰。如果預先得知即將踏入有壓力的情境，例
如：簡報、演講、面對不尊重人的同事、客戶有壞消息
等等，可以擺出權力姿勢，減少身體的自然壓力反應。

■ 坐下，腳跨在桌上，雙手扣在後腦：是不是感
　到更放鬆了，好像自己是老大？

■ 雙腿張開站著，手插腰：是不是感覺自己更有
　威嚴了？

■ 坐下，手擺在大腿上，低頭駝背：是不是覺得
　整個人縮了起來？

■ 造訪 YouTube 或 TED.com 網站，觀看心理學家

艾美・柯蒂（Amy Cuddy）的 TED 演講「身體語言決定我們是誰」（Your Body Language Shapes Who You Are）。

轉念（Reframe）

準備快樂箱

我們會準備急救箱，以應對難以預測卻又不可避免的狀況，好比割傷或撞傷。同理，我們可以準備一個「快樂箱」，把悲觀、受挫、沮喪等情緒，一下子變成正面、感恩、充滿創意的狀態。

- 找出能讓自己開心的物品，例如：照片、旅遊紀念品、小禮物和音樂。
- 把相關物品裝進袋子或桌上的盒子裡，方便拿取；心情低落時，看看裡頭一、兩樣東西，讓心情振作起來。
- 在電腦或手機上製作數位版的快樂箱，存放能讓心情好起來的文章、歌曲、照片與感謝函等

各種物品。

■ 請夥伴幫忙，讓他知道你的快樂箱放在哪裡。在你需要時，讓他指著快樂箱要你去看，因為有時我們可能沒察覺自己心情低落。

■ 幫你關心的人做一個「拋磚引玉版」的快樂箱；收到禮物的人，可以在裡頭多擺一點東西，放入有個人回憶的物品。

ABCDE 轉念法

A ＝「觸發」（activate）事件或情境的導火線

B ＝你對某件事或某個情境的「想法」（belief）

C ＝你的想法帶來的「結果」（consequence）

D ＝「反駁」（disputing）自己的想法

E ＝「加強」（energize）新的看法

■ 運用 ABCDE 轉念法前，先練習刻意休息以重設原始警報，減弱情緒強度，才有辦法調整態度。

■ 找人討論，協助你找到看事情的新方法。

■ 對自己和整個過程要有耐心，你需要時間。

- 必須真心想改變觀點，ABCDE 轉念法才有效。

翻牌法

感到受限或被困住時，翻牌法可以刺激發想出有創意的新想法，幫忙翻轉態度，從負面變正向。

- 在 3×5 的空白卡片上，寫下自己碰上的困境或難關。
- 把卡片翻過去，在背面寫上與困境相反的情況，寫得像是真實狀況。
- 讓新句子成為找出新構想的起點。
- 和朋友或團隊討論，挑戰原先的看法後，你會感到不可思議，發現原來事情有許多可能性。

PPP → CCC 法

悲觀的人認為負面情境「是自己的問題」（personal）、「到哪都一樣」（prevalent）而且「永遠都會這樣」（permanent）；樂觀的人則認為負面情境是「挑戰」（challenge）、「選擇」（choice）以及可以「努力」

（committed）的機會。我們感覺受困、無助或憤怒時，如果能把心力放在難關帶來的「挑戰」，以及自己擁有的「選擇」，就能產生較為正向的能量。「你真正在『努力』的事是什麼？」這個問題，可以讓我們思考想要的結果，以及哪些價值觀在發揮作用。

■ 運用第四章的測驗題，找出自己是樂觀還是悲觀。
■ 練習只想著好事而不是壞事。
■ 身處負面情境時，問自己：
  • 我必須處理什麼挑戰？
  • 我有哪些選擇？
  • 我為了什麼而努力？

每天轉念

　　演化讓我們快速回應威脅，碰上好事、好心情的反應則慢吞吞的。每天花時間刻意專注於正向的事，可以大幅增加基礎正向程度。研究顯示，若能養成抱持正向態度的習慣，就會更有創意，更能接受評論，也更能團

隊合作。

- 進行十次腹部呼吸，接著閉上眼睛，想著要愛
  自己、接受自己，靠意念把那些想法傳遞給你
  尊敬的人、你愛的人、你抱持中立態度往來的
  人、以及你討厭的人。
- 每天早上寫下三件感激的事。
- 每天晚上寫三封誠心感謝的電子郵件。
- 安排自己觀賞三個平日視而不見的自然現象。

恢復活力（Refresh）

補充水分

大家都知道，一天應該喝八杯水，但即使是最努力
喝水的人，一忙起來或是壓力大的時候，常常把水瓶忘
在一旁。但是，這些狀況正是最需要補水的時刻。大腦
會比身體其他部位還要早開始缺水，所以就算不覺得
渴，腦袋可能已經開始昏沉，或是無法專心。好好喝一
大杯水，幫大腦補充精力，讓自己能集中注意力，恢復

精神，拿出最佳表現。

- 口不渴也要喝水。
- 消耗愈多腦力、情緒能量、體力，就要喝愈多水。
- 桌上擺一個水瓶，隨身也攜帶一個水瓶，最好是對你有情感價值的瓶子。
- 在桌上擺水的照片，每次看到都是在提醒自己喝水。
- 在水裡放一點草莓冰塊、幾片薄荷葉，或是一片小黃瓜，讓白開水變得更誘人。
- 餓的時候喝點水：有時我們會搞混輕微飢餓感與口渴的感覺。
- 上餐廳時喝水。喝下含有咖啡因與酒精的飲料，也要另外補水（因為這兩種物質都會造成脫水）。

平衡血糖

大腦晚近演化出來的複雜執行功能，需要耗費大量

能量，因此缺乏食物或血糖低的時候，執行功能會率先被放棄。維持平穩的血糖濃度，能幫助我們抗拒原始衝動。此外，雖然大腦會消耗大量血糖，卻無法儲存血糖，留待日後使用。如果能保持平穩的血糖濃度，可以讓身心與情緒都更能因應眼前的挑戰。

- 查詢信譽優良的機構提供的數據表（例如梅約醫院與國立衛生研究院），研究你吃的食物的 GI 值，了解它們帶來的血糖濃度。
- 吃飯時，選擇中 GI 值與低 GI 值的食物，補充可以持久的能量。
- 每隔兩、三小時吃點健康輕食（100 至 150 卡路里），保持血糖平衡。
- 低 GI 值的點心包括蛋、鷹嘴豆泥、蘋果、莓果、肉、牛奶、起司、李子、桃子、堅果、肉乾、蔬菜、優格、營養棒、蛋白質奶昔、豆漿、杏仁奶。
- 隨身攜帶健康食物。

提振精神（Renew）

把目標化為實物

（以下僅列出微復原力工具，想複習巨復原力工具，請見第六章。）

利用看得見的實物（代表物），呈現你的人生目標與最重要的價值觀，為平日生活與工作時所做的事賦予意義。煩人的無聊瑣事讓我們偏離最終目標與價值觀時，代表物可以幫助我們回想初衷。把可以振奮精神的代表性的實物，擺在顯眼的地方。

- 自己或找人一起腦力激盪，看看哪些有形事物可以象徵抽象感受與構想，提醒自己朝使命前進。
- 選擇能立刻感動你、讓你振作的符號。
- 利用具代表性的實物讓自己專注於目標：
  - 把代表物設成社交網站的頭像照片。
  - 把代表物的照片設成電腦、手機的桌面或螢幕保護程式／待機畫面。
  - 把代表物的照片貼在每天都會看到的地方，例

如：浴室鏡子、車內。

- 和同事討論代表物，喚醒他們的使命感

安排行程

從「目標」的角度檢視自己的日曆，大幅提升精力與生活的熱情。如果能讓一週行程中完成目標的比例愈來愈高，而不是無聊地按表操課，精力便會跟著提升。

- 檢視一週的行事曆，找出最有意義的活動。
- 減少感覺沒意義的事，例如交給別人執行。
- 接下來的一週，刪掉另一項與目標無關的活動。
- 如果行事曆上沒有任何有意義、可以達成人生目標的活動，那就一天加一樣，就算一次只做個幾分鐘也好。

心流法

如果無法增刪日曆上的活動，可以靠重新設計重複性事務提振精力，甚至帶來「心流」。心流是「人與工作合一」的狀態，時間會快速流逝，讓人廢寢忘食，全

神貫注。

- 花一週時間，記錄執行固定事務時的精力狀態。
- 一週過後，畫出第六章的精力長條圖。
- 你能否重新設計使自己精力下降的活動，藉此更接近心流狀態？
- 上 YouTube 看設計教授比爾・伯奈特（Bill Burnett）的網路課程「做自己的生命設計師：上」（Design Your Life: Part I）與，「做自己的生命設計師：下」（Design Your Life: Part II）。

做自己的生命設計師：上

做自己的生命設計師：下

注釋

第1章｜微復原力

1. Rosabeth Moss Kanter, "Surprises Are the New Normal; Resilience Is the New Skill," *Harvard Business Review* (July 2013).

2. Jim Loehr and Tony Schwartz, *The Power of Full Engagement* (New York: Simon and Schuster, 2003).（繁體中文版《用對能量，你就不會累：身體、情緒、腦力、精神的活力全開》，由天下文化出版。）

3. 出自2014年與洛爾博士討論的內容。

第2章｜大腦重新聚焦

1. John Medina, *Brain Rules: 12 Principles for Surviving and Thriving at Work, Home, and School* (Seattle: Pear Press, 2008).

2. E. K. Miller and J. D. Cohen, "An Integrative Theory of Prefrontal Cortex Function," *Annual Review of Neuroscience* 24 (2001): 167–202; Joaquin M. Fuster, *The Prefrontal Cortex*, 5th ed. (Cambridge: Academic Press, 2015).

3. Donald M. Fisk, "American Labor in the 20th Century," *Compensation and Working Conditions* (Fall 2001).

4. "Goods-Producing Industries," Bureau of Labor Statistics, accessed April 2016, http://www.bls.gov/iag/tgs/iag06.htm.

5. Daniel Kahneman, *Attention and Effort* (Englewood Cliffs, NJ:

Prentice Hall, 1973); D. Navon and D. Gopher, "On the Economy of the Human Processing System," *Psychological Review* 86 (1979): 214–255.

6. D. E. Meyer and D. E. Kieras, "A Computational Theory of Executive Cognitive Processes and Multiple-Task Performance: Part 1. Basic Mechanisms," *Psychological Review* 104 (1997): 3–65; D. D. Salvucci and N. A. Taatgen, "Threaded Cognition: An Integrated Theory of Concurrent Multitasking," *Psychological Review* 115 (2008): 101–130.

7. "Multitasking: Switching Costs," American Psychological Association, published March 2006, http://www.apa.org/research / action/multitask.aspx.

8. D. L. Strayer, F. A. Drews, and D. J. Crouch, "A Comparison of the Cell Phone Driver and the Drunk Driver," *Human Factors* 48, no. 2 (2006): 381–391.

9. John B. Arden, PhD, *Rewire Your Brain: Think Your Way to a Better Life* (Hoboken, NJ: Wiley, 2010), 70. （繁體中文版《大腦升級 2.0，鍛鍊更強大的自己：重新連結，你可以更聰明更健康更 積極更成長》，由本事出版社出版。）

10. David Rock, *Your Brain at Work: Strategies for Overcoming Distraction, Regaining Focus, and Working Smarter All Day Long* (New York: HarperCollins, 2009).

11. T. Makany, J. Kemp, and I. E. Dror, "Optimising the Use of Note-Taking as an External Cognitive Aid for Increasing Learning," *British Journal of Educational Technology* 40, no. 4 (2009): 619–635; J. G. Trafton and S. B. Trickett, "Note-Taking for Self-Explanation and Problem Solving," *Human-Computer Interaction* 16, no. 1 (2008): 1–38.

12. I. E. Dror and S. Harnad, "Offloading Cognition onto Cognitive Technology." *Cognition Distributed: How Cognitive Technology Extends Our Minds* 16 (2008): 1–23.

13. John Tierney, "Do You Suffer from Decision Fatigue?" *New York Times Magazine*, August 17, 2011, http://www.nytimes.com/2011/08/21/magazine/do-you-suffer-from-decision-fatigue.html?_r=0.

14. M. Muraven and R. F. Baumeister, "Self-Regulation and Depletion of Limited Resources: Does Self-Control Resemble a Muscle?" *Psychological Bulletin* 126 (2000): 247–259; A. Pocheptsova et al., "Deciding without Resources: Resource Depletion and Choice in Context," *Journal of Marketing Research* 46 (2009): 344–355; K. D. Vohs et al., "Making Choices Impairs Subsequent Self-Control: A Limited-Resource Account of Decision Making, Self-Regulation, and Active Initiative," *Journal of Personality and Social Psychology* 94 (2008): 883–898.

15. Rachel Kaplan and Stephen Kaplan, *The Experience of Nature: A Psychological Perspective* (Cambridge: Cambridge University Press, 1989).

16. J. M. Tyler and K. C. Burns, "After Depletion: The Replenishment of the Self's Regulatory Resources," *Self and Identity* 7 (2008): 305–321.

17. D. M. Tice et al., "Restoring the Self: Positive Affect Helps Improve Self-Regulation Following Ego Depletion," *Journal of Experimental Social Psychology* 43 (2007): 379–384.

18. M. T. Gailliot and R. F. Baumeister, "The Physiology of Willpower: Linking Blood Glucose to Self-Control," *Personality and Social Psychology Review* 11 (2007): 303–327; M. S. Hagger et al., "Ego

Depletion and the Strength Model of Self-Control: A Meta-Analysis," *Psychological Bulletin* 136 (2010): 495–525.

19. Nicholas Bakalar, "Doctors and Decision Fatigue," *Well* (blog), *New York Times*, October 27, 2014, http://well.blogs .nytimes. com/2014/10/27/doctors-and-decision-fatigue/?_r=1; J. A. Linder et al., "Time of Day and Decision to Prescribe Antibiotics," *JAMA Internal Medicine* 174, no. 12 (2014): 2029–2031.

20. Atul Gawande, *The Checklist Manifesto: How to Get Things Right* (New York: Metropolitan Books, 2009), 48.（繁體中文版《清單革命：不犯錯的祕密武器》，由天下文化出版。）

21. David Rock, *Your Brain at Work: Strategies for Overcoming Distraction, Regaining Focus, and Working Smarter All Day Long* (New York: HarperCollins, 2009), 12.

22. Wendy Suzuki and Billie Fitzpatrick, *Healthy Brain, Happy Life: A Personal Program to Activate Your Brain and Do Everything Better* (New York: HarperCollins, 2015).

23. M. Oppezzo and D. L. Schwartz, "Give Your Ideas Some Legs: The Positive Effect of Walking on Creative Thinking," *Journal of Experimental Psychology: Learning, Memory and Cognition* 40, no. 4 (2014): 1142–1152; Gretchen Reynolds, "Want to Be More Creative? Take a Walk," *Well* (blog), *New York Times*, April 30, 2014, http://well.blogs.nytimes .com/2014/04/30/want-to-be-more-creative-take-a-walk/.

24. C. Gondola, "The Effects of a Single Bout of Aerobic Dancing on Selected Tests of Creativity," *Journal of Social Behavior & Personality* 2 (1987): 275–278.

25. John J. Ratey, MD, *A User's Guide to the Brain: Perception, Attention, and the Four Theaters of the Brain* (New York: Pantheon, 2001).

26. K. Lambourne and P. Tomporowski, "The Effect of Exercise-Induced Arousal on Cognitive Task Performance: A Meta-Regression Analysis," *Brain Research* 1341 (2010): 12–24; R. Pennington and S. Hanna, "The Acute Effects of Exercise on Cognitive Performances of Older Adults," *Journal of the Arkansas Academy of Science* 67 (2013): 109–114.

27. H. Steinberg et al., "Exercise Enhances Creativity Independently of Mood," *British Journal of Sports Medicine* 31 (1997): 240–245; D. M. Blanchette et al., "Aerobic Exercise and Creative Potential: Immediate and Residual Effects," *Creativity Research Journal* 17, no. 2–3 (2005): 257–264; Y. Netz et al., "The Effect of a Single Aerobic Training Session on Cognitive Flexibility in Late Middle-Aged Adults," *International Journal of Sports Medicine* 28 (2007): 82–87.

28. P. D. Tomporowski, "Effects of Acute Bouts of Exercise on Cognition," *Acta Psychologica* 112 (2003): 297–324.

29. Wendy Suzuki, "Healthy Brain Happy Life," TEDx video, published December 6, 2014, https://www.youtube.com/watch?v=0cJ5pVtvbZA.

30. Aki Ito, "Your Job Taught to Machines Puts Half U.S. Work at Risk," *Bloomberg*, March 12, 2014, http://www.bloomberg .com/news/articles/2014-03-12/your-job-taught-to-machines-puts-half-u-s-work-at-risk.

第3章｜重設原始警報

1. Daniel Goleman, *Emotional Intelligence: Why It Can Matter More than IQ* (New York: Bantam Books, 2006).（繁體中文版《EQ：決定一生幸福與成就的永恆力量》，由時報出版出版。）

2. John J. Ratey, MD, *A User's Guide to the Brain: Perception, Attention,*

and the Four Theaters of the Brain (New York: Pantheon, 2001).

3. Daniel Goleman, "Emotional Mastery," *Leadership Excellence* 28, no. 6 (2011): 12–13.

4. N. I. Eisenberger, M. D. Lieberman, and K. D. Williams, "Does Rejection Hurt? An fMRI Study of Social Exclusion," *Science* 302 (2003): 290–292.

5. E. E. Nelson and J. Panksepp, "Brain Substrates of Infant-Mother Attachment: Contributions of Opioids, Oxytocin, and Norepinephrine," *Neuroscience and Biobehavioral Reviews* 22, no. 3 (1998): 437–452.

6. A. Keller et al., "Does the Perception That Stress Affects Health Matter? The Association with Health and Mortality," *Health Psychology* 31, no. 5 (2012): 677; J. P. Jamieson, M. K. Nock, and W. B. Mendes, "Mind over Matter: Reappraising Arousal Improves Cardiovascular and Cognitive Responses to Stress," *Journal of Experimental Psychology: General* 141.3 (2012): 417.

7. Kelly McGonigal, "How to Make Stress Your Friend," TED video, published June 2013, https://www.ted.com/talks/kelly_mcgonigal_how_to_make_stress_your_friend?language=en.

8. Joan Borysenko, PhD, *Minding the Body, Mending the Mind* (Cambridge: Da Capo Press, 2007).

9. C. E. Waugh et al., "The Neural Correlates of Trait Resilience When Anticipating and Recovering from Threat," *Social Cognitive and Affective Neuroscience* Advance Access (September 2, 2008) doi: 10.1093/scan/nsn024.

10. M. D. Lieberman et al., "Putting Feelings into Words: Affect Labeling Disrupts Amygdala Activity in Response to Affective Stimuli," *Psychological Science* 18, no. 5 (2007): 421–428.

11. John B. Arden, PhD, *Rewire Your Brain: Think Your Way to a Better Life* (Hoboken, NJ: Wiley, 2010), 26.

12. Daniel G. Amen, MD, *Change Your Brain, Change Your Life: The Breakthrough Program for Conquering Anxiety, Depression, Obsessiveness, Lack of Focus, Anger, and Memory Problems* (New York: Harmony, 2015), 156.（繁體中文版《一生都受用的大腦救命手冊：100招獨家護腦祕訣，走出折磨人的情緒問題和異常行為》，由柿子文化出版。）

13. Joan Borysenko, PhD, *Minding the Body, Mending the Mind* (Cambridge: Da Capo Press, 2007); Jeffrey Rossman, PhD, *The Mind-Body Mood Solution: The Breakthrough Drug-Free Program for Lasting Relief from Depression* (Emmaus, PA: Rodale, 2010), 101.（繁體中文版《關照身體‧修復心靈》，由張老師文化出版。）

14. Jeffrey Rossman, PhD, *The Mind-Body Mood Solution: The Breakthrough Drug-Free Program for Lasting Relief from Depression* (Emmaus, PA: Rodale, 2010), 101.

15. Daniel G. Amen, MD, *Change Your Brain, Change Your Life: The Breakthrough Program for Conquering Anxiety, Depression, Obsessiveness, Lack of Focus, Anger, and Memory Problems* (New York: Harmony, 2015), 152.

16. R. McCraty et al., "The Effects of Emotions on Short-Term Power Spectral Analysis of Heart Rate Variability," *American Journal of Cardiology* 76, no. 14 (1995): 1089–1093.

17. W. A. Tiller, R. McCraty, and M. Atkinson, "Cardiac Coherence: A New, Noninvasive Measure of Autonomic Nervous System Order," *Alternative Therapies in Health and Medicine* 2, no. 1 (1996): 52–65.

18. "Cardiac Coherence Improves Cognitive Performance: Influence of Afferent Cardiovascular Input on Cognitive Performance and Alpha

Activity," *Proceedings of the Annual Meeting of the Pavlovian Society*, Rollin McCraty and Mike Atkinson (Tarrytown, NY, 1999).

19. Rein, M. Atkinson, and R. McCraty, "The Physiological and Psychological Effects of Compassion and Anger," *Journal of Advancement in Medicine* 8, no. 2 (1995): 87–105.

20. R. McCraty et al., "The Impact of a New Emotional Self-Management Program on Stress, Emotions, Heart-Rate Variability, DHEA and Cortisol," *Integrative Physiological and Behavioral Science* 33, no. 2 (1998): 151–170.

21. 出自2011年與波利森科博士討論的內容。

22. Daniel G. Amen, MD, *Change Your Brain, Change Your Life: The Breakthrough Program for Conquering Anxiety, Depression, Obsessiveness, Lack of Focus, Anger, and Memory Problems* (New York: Harmony, 2015), 93.

23. John Medina, *Brain Rules: 12 Principles for Surviving and Thriving at Work, Home, and School* (Seattle: Pear Press, 2008).（繁體中文版《大腦當家－靈活用腦12守則，學習工作更上層樓》，由遠流出版。）

24. D. Soto et al., "Pleasant Music Overcomes the Loss of Awareness in Patients with Visual Neglect," *Proceedings of the National Academy of Sciences of the United States of America* 106, no. 14 (2009): 6011–6016, doi: 0.1073/pnas.0811681106.

25. D. R. Carney, A. J. C. Cuddy, and A. J. Yap, "Power Posing: Brief Nonverbal Displays Affect Neuroendocrine Levels and Risk Tolerance," *Psychological Science* 21, no. 10 (October 2010): 1363–1368.

第4章 | 轉念

1. R. F. Baumeister et al., "Bad Is Stronger than Good," *Review of General Psychology* 5 (2001): 323–370.

2. P. C. Ellsworth and C. A. Smith, "Shades of Joy: Patterns of Appraisal Differentiating Pleasant Emotions," *Cognition and Emotion* 2 (1988): 301–331.

3. Martin E. P. Seligman, PhD, *Learned Optimism: How to Change Your Mind and Your Life* (New York: Vintage Books, 2006). （繁體中文版《學習樂觀‧樂觀學習》，由遠流出版。）

4. Michele Phillips, *Happiness Is a Habit: Simple Daily Rituals that Increase Energy, Improve Well-Being, and Add Joy to Every Day* (Springville, UT: Cedar Fort, Inc., 2013), 104.

5. B. L. Fredrickson and C. Branigan, "Positive Emotions Broaden the Scope of Attention and Thought-Action Repertoires," *Cognition and Emotion* 19, no. 3 (2005): 313–332; G. Rowe, J. B. Hirsch, and A. K. Anderson, "Positive Affect Increases the Breadth of Attentional Selection," *Proceedings of the National Academy of Sciences of the United States of America* 104, no. 1 (2007): 383–388; H. A. Wadlinger and D. M. Isaacowitz, "Positive Mood Broadens Visual Attention to Positive Stimuli," *Motivation and Emotion* 30, no. 1 (2006): 87–99; T. W. Schmitz, E. De Rosa, and A. K. Anderson, "Opposing Influences of Affective State Valence on Visual Cortical Encoding," *Journal of Neuroscience* 29, no. 22 (2009): 7199–7207; D. Soto et al., "Pleasant Music Overcomes the Loss of Awareness in Patients with Visual Neglect," *Proceedings of the National Academy of Sciences of the United States of America* 106, no. 14 (2009): 6011–6016, doi: 10.1073/pnas.0811681106.

6. C. E. Waugh, B. L. Fredrickson, and S. F. Taylor, "Adapting to Life's

Slings and Arrows: Individual Differences in Resilience When Recovering from an Anticipated Threat," *Journal of Research in Personality* 42, no. 4 (2008): 1031–1046; J. R. Dunn and M. E. Schweitzer, "Feeling and Believing: The Influence of Emotion on Trust," *Journal of Personality and Social Psychology* 88, no. 5 (2005): 736–748; K. J. Johnson and B. L. Fredrickson, "We All Look the Same to Me: Positive Emotions Eliminate the Own-Race Bias in Face Recognition," *Psychological Science* 16, no. 11 (2005): 875–881.

7.   G. Rowe, J. B. Hirsch, and A. K. Anderson, "Positive Affect Increases the Breadth of Attentional Selection," *Proceedings of the National Academy of Sciences of the United States of America* 104, no. 1 (2007): 383–388; A. M. Isen, K. A. Daubman, and G. P. Nowicki, "Positive Affect Facilitates Creative Problem Solving," *Journal of Personality and Social Psychology* 52, no. 6 (1987): 1122–1131.

8.   B. E. Kahn and A. M. Isen, "The Influence of Positive Affect on Variety Seeking among Safe, Enjoyable Products," *Journal of Consumer Research* 20, no. 2 (1993): 257–270.

9.   R. Raghunathan and Y. Trope, "Walking the Tightrope between Feeling Good and Being Accurate: Mood as a Resource in Processing Persuasive Messages," *Journal of Personality and Social Psychology* 83, no. 3 (2002): 510–523.

10.   C. Lee, S. J. Ashford, and L. F. Jamieson, "The Effects of Type A Behavior Dimensions and Optimism on Coping Strategy, Health, and Performance," *Journal of Organizational Behavior* 14 (1993): 143–157.

11.   E. L. Garland et al., "Upward Spirals of Positive Emotions Counter Downward Spirals of Negativity: Insights from the Broaden-and-Build Theory and Affective Neuroscience on the Treatment of

Emotion Dysfunctions and Deficits in Psychopathology," *Clinical Psychology Review* 30, no. 7 (2010): 849–864.

12. 同上注。

13. Kim Cameron, *Positive Leadership: Strategies for Extraordinary Performance* (San Francisco: Berrett-Koehler Publishers, 2008). (繁體中文版《正向領導》，由巨流圖書出版。)

14. C. M. Youssef and F. Luthans, "Positive Organizational Behavior in the Workplace: The Impact of Hope, Optimism, and Resilience," *Journal of Management* 33, no. 5 (October 2007): 774–800; B. Medlin and K. W. Green Jr., "Enhancing Performance through Goal Setting, Engagement, and Optimism," *Industrial Management & Data Systems* 109, no. 7 (2009): 943–956.

15. A. Ellis, "Rational Psychotherapy and Individual Psychology," *Journal of Individual Psychology* 13 (1957): 38–44.

16. E. L. Garland et al., "Upward Spirals of Positive Emotions Counter Downward Spirals of Negativity: Insights from the Broaden-and-Build Theory and Affective Neuroscience on the Treatment of Emotion Dysfunctions and Deficits in Psychopathology," *Clinical Psychology Review* 30, no. 7 (2010): 849–864.

第5章│恢復活力

1. C. J. Edmonds, R. Crombie, and M. R. Gardner, "Subjective Thirst Moderates Changes in Speed of Responding Associated with Water Consumption," *Frontiers in Human Neuroscience* 7 (2013): 363.

2. B. M. Popkin, K. E. D'Anci, and I. H. Rosenberg, "Water, Hydration, and Health," *Nutrition Reviews* 68, no. 8 (2010): 439–458.

3. C. Cian et al., "Effects of Fluid Ingestion on Cognitive Function

after Heat Stress or Exercise-Induced Dehydration," *International Journal of Psychophysiology* 42 (2001): 243– 251; C. Cian et al., "Influence of Variations of Body Hydration on Cognitive Performance," *Journal of Psychophysiology* 14 (2000): 29–36; P. M. Gopinathan, G. Pichan, and V. M. Sharma, "Role of Dehydration in Heat Stress-Induced Variations in Mental Performance," *Archives of Environmental Health* 43 (1988): 15–17; K. E. D'Anci et al., "Voluntary Dehydration and Cognitive Performance in Trained College Athletes," *Perceptual and Motor Skills* 109 (2009): 251–269.

4. H. H. Mitchell et al., "The Chemical Composition of the Adult Human Body and Its Bearing on the Biochemistry of Growth," *Journal of Biological Chemistry* 158 (1945): 625–637.

5. E. Jéquier and F. Constant, "Water as an Essential Nutrient: The Physiological Basis of Hydration," *European Journal of Clinical Nutrition* 64 (2010): 115–123.

6. R. I. Dunbar, "The Social Brain Hypothesis and Its Implications for Social Evolution," *Annals of Human Biology* 36, no. 5 (2009): 562– 572; John J. Ratey, MD, *A User's Guide to the Brain: Perception, Attention, and the Four Theaters of the Brain* (New York: Pantheon, 2001).

7. M. T. Gailliot, "Unlocking the Energy Dynamics of Executive Functioning: Linking Executive Functioning to Brain Glycogen," *Perspectives on Psychological Science* 3 (2008): 245.

8. John J. Ratey, MD, *A User's Guide to the Brain: Perception, Attention, and the Four Theaters of the Brain* (New York: Pantheon, 2001).

9. M. T. Gailliot et al., "Self-Control Relies on Glucose as a Limited Energy Source: Willpower Is More than a Metaphor," *Journal of Personality and Social Psychology* 92 (2007): 325–336.

10. Daniel G. Amen, MD, *Change Your Brain, Change Your Life: The Breakthrough Program for Conquering Anxiety, Depression, Obsessiveness, Lack of Focus, Anger, and Memory Problems*. (New York: Harmony, 2015).

11. M. T. Gailliot et al., "Self-Control Relies on Glucose as a Limited Energy Source: Willpower Is More than a Metaphor," *Journal of Personality and Social Psychology* 92 (2007): 325–336.

12. C. N. DeWall et al., "Violence Restrained: Effects of Self-Regulation and Its Depletion on Aggression," *Journal of Experimental Social Psychology* 43 (2007): 62–76; A. L. Duckworth and M. E. P. Seligman, "Self-Discipline Outdoes IQ in Predicting Academic Performance of Adolescents," *Psychological Science* 16 (2005): 939–944; E. J. Finkel and W. K. Campbell, "Self-Control and Accommodation in Close Relationships: An Interdependence Analysis," *Journal of Personality and Social Psychology* 81 (2001): 263–277; M. T. Gailliot, B. J. Schmeichel, and R. F. Baumeister, "Self-Regulatory Processes Defend against the Threat of Death: Effects of Self-Control Depletion and Trait Self-Control on Thoughts and Fears of Dying," *Journal of Personality and Social Psychology* 91 (2006): 49–62; Michael R. Gottfredson and Travis Hirschi, *A General Theory of Crime* (Stanford, CA: Stanford University Press, 1990); D. Kahan, J. Polivy, and C. P. Herman, "Conformity and Dietary Disinhibition: A Test of the Ego-Strength Model of Self-Regulation," *International Journal of Eating Disorders* 32 (2003): 165–171; T. C. Pratt and F. T. Cullen, "The Empirical Status of Gottfredson and Hirschi's General Theory of Crime: A Meta-Analysis," *Criminology* 38 (2000): 931–964; Y. Shoda, W. Mischel, and P. K. Peake, "Predicting Adolescent Cognitive and

Self-Regulatory Competencies from Preschool Delay of Gratification: Identifying Diagnostic Conditions," *Developmental Psychology* 26 (1990): 978–986; J. P. Tangney, R. F. Baumeister, and A. L. Boone, "High Self-Control Predicts Good Adjustment, Less Pathology, Better Grades, and Interpersonal Success," *Journal of Personality* 72 (2004): 271–322; K. D. Vohs and T. F. Heatherton, "Self-Regulatory Failure: A Resource-Depletion Approach," *Psychological Science* 11 (2000): 249–254.

13. Larry Husten, "Lancet: Researchers Find Goldilocks Effect in Glucose Control for Diabetes," *Cardio Brief* (blog), January 26, 2010, http://cardiobrief.org/2010/01/26/lancet-researchers-find-goldilocks-effect-in-glucose-control-for-diabetes/.

14. Meri Raffetto, *Glycemic Index Diet for Dummies* (Hoboken, NJ: For Dummies, 2010); Dr. Eric C. Westman, Dr. Stephen D. Phinney, and Dr. Jeff S. Volek, *The New Atkins for a New You* (New York: Touchstone, 2010).

15. www.hmrprogram.com.

16. www.beachbody.com.

17. Meri Raffetto, *Glycemic Index Diet for Dummies* (Hoboken, NJ: For Dummies, 2010).

第6章 | 提振精神

1. A. H. Maslow, "A Theory of Human Motivation," *Psychological Review* 50 (1943): 370–396.

2. Søren Kierkegaard, *The Essential Kierkegaard*, ed. Howard V. Hong and Edna H. Hong (Princeton, NJ: Princeton University Press, 2000).

3. Victor E. Frankl, *Man's Search for Meaning* (Boston: Beacon Press,

2006).（繁體中文版《活出意義來》，由光啟文化出版。）

4. P. A. Boyle et al., "Effect of Purpose in Life on the Relation between Alzheimer Disease Pathologic Changes on Cognitive Function in Advanced Age," *Archives of General Psychiatry* 69, no. 5 (April 2012): 499–505.

5. P. L. Hill and N. A. Turiano, "Purpose in Life as a Predictor of Mortality across Adulthood," *Psychological Science* 25, no. 7 (July 2014): 1482–1486.

6. "Having a Sense of Purpose May Add Years to Your Life," Association for Psychological Science, published May 12, 2014, http://www.psychologicalscience.org/index.php/news/releases/ having-a-sense-of-purpose-in-life-may-add-years-to -your-life.html.

7. Joseph McCann and John W. Selsky, *Mastering Turbulence: The Essential Capabilities of Agile and Resilient Individuals, Teams and Organizations* (Hoboken, NJ: Jossey-Bass, 2012).

8. Peter M. Senge, *The Fifth Discipline: The Art and Practice of the Learning Organization* (New York: Doubleday/Currency, 1990). （繁體中文版《第五項修練（全新增訂版）：學習型組織的藝術與實務》，由天下文化出版。）

9. Victor E. Frankl, *Man's Search for Meaning* (Boston: Beacon Press, 2006).

10. Sarah Ban Breathnach, *Simple Abundance: A Daybook of Comfort and Joy* (New York: Grand Central Publishing, 1994).（繁體中文版《靜觀潮落：簡單富足／生活美學日記》，由立緒出版。）

11. Nick Craig and Scott Snook, "From Purpose to Impact: Figure Out Your Passion and Put It to Work," *Havard Business Review* (May 2014).

12. 同上注。

13. 同上注。

14. 同上注。

15. Mihaly Csikszentmihalyi, *Flow: The Psychology of Optimal Experience* (New York: Harper Perennial Modern Classics, 2008).（繁體中文版《心流：高手都在研究的最優體驗心理學》，由行路出版。）

工作生活 BWL074

微復原力：結合科學與正向心理的幸福生活手冊
Micro-Resilience: Minor Shifts for Major Boosts in Focus, Drive, and Energy

作者——邦妮・聖約翰 Bonnie St. John、
　　　亞倫・海恩斯 Allen P. Haines
譯者——許恬寧

事業群發行人／ CEO ／總編輯 —— 王力行
資深行政副總編輯 —— 吳佩穎
書系主編 —— 蘇鵬元
責任編輯 —— 王映茹
封面設計 —— FE 設計 葉馥儀

出版人 —— 遠見天下文化出版股份有限公司
創辦人 —— 高希均、王力行
遠見・天下文化・事業群 董事長 —— 高希均
事業群發行人／ CEO —— 王力行
天下文化社長／總經理 —— 林天來
國際事務開發部兼版權中心總監 —— 潘欣
法律顧問 —— 理律法律事務所陳長文律師
著作權顧問 —— 魏啟翔律師
社址 —— 臺北市 104 松江路 93 巷 1 號
讀者服務專線 —— 02-2662-0012 ｜傳真 —— 02-2662-0007；02-2662-0009
電子郵件信箱 —— cwpc@cwgv.com.tw
直接郵撥帳號 —— 1326703-6 號 遠見天下文化出版股份有限公司

電腦排版 —— bear 工作室
製版廠 —— 中原印刷事業有限公司
印刷廠 —— 中原印刷事業有限公司
裝訂廠 —— 中原印刷事業有限公司
登記證 —— 局版台業字第 2517 號
總經銷 —— 大和書報圖書股份有限公司｜電話 —— 02-8990-2588
出版日期 —— 2019 年 08 月 30 日第一版第一次印行

國家圖書館出版品預行編目（CIP）資料

微復原力：結合科學與正向心理的幸福生活手冊／
邦妮・聖約翰（Bonnie St. John），亞倫・海恩
斯（Allen P. Haines）著；許恬寧譯 . -- 第一版 . -- 臺
北市：遠見天下文化，2019.08
240 面；14.8×21 公分 . --（工作生活；BWL074）

譯自：Micro-Resilience : Minor Shifts For Major
Boosts In Focus, Drive, and Energy

ISBN　978-986-479-793-6（平裝）

1. 自我實現 2. 生活指導

177.2　　　　　　　　　　　　　108012916

定價 —— 350 元
ISBN —— 978-986-479-793-6
書號 —— BWL074
天下文化官網 —— bookzone.cwgv.com.tw

本書如有缺頁、破損、裝訂錯誤，請寄回本公司調換。
本書僅代表作者言論，不代表本社立場。

天下文化
BELIEVE IN READING